シロウト夫婦のきょうも畑日和

家庭菜園はじめました

金田妙

たのしい　畑しごとが
はじまるよ!

はじめに

「ストーップ！　とまって、とまって！」

ある年の秋、自宅近くの里山をドライブしていたときです。助手席の窓から外を眺めていた私は、ある立て札に気がつきました。車から飛び出して駆け寄ると、そこにはこう書かれていました。

――貸し農園あります。一区画平均１００平米。年間３万円。水道代別――

「何それ？　なんの看板なの？」

車の中から、夫が面倒くさそうに聞きます。私はしばらく立て札に見入っていましたが、やがて夫を振り返りました。

「これ、借りるから」

「借りるって、何を？」

「貸し農園。決めたからね」

「はぁ!?　何言ってんの？　冗談じゃないよ、農園なんて」

「借りるったら借りるの」

それがすべての始まりでした。

園芸好きだったわけでもなく、その立て札を見る瞬間まで、畑を借りるなんて考えたこともありません。窓辺のゴーヤー栽培すら未経験。無農薬と有機野菜の違いも知らず、食へのこだわりもさほどなかったのです。

「なぜ農園を借りる気になったの？」と聞かれたら、「きまぐれ」としかこたえようがないのですが、ただ、なんだかおもしろいことが始まりそうな予感はしていました。

「自分で野菜を作るって楽しそう！　畑でピクニックもできるんじゃない？　とれたてのキュウリやトマトでサンドイッチを作って、ハーブティーも入れちゃおう」と。

あの日を境に、我が家の生活はすっかり変わりました。野菜作りは趣味を超え、暮らしの核になっています。けれど、農園を借りた当初は右も左もわからないドシロウトでしたので、ありとあらゆる事件が起こりました。

これは、そんな私たち夫婦が菜園家になった頃の記録です。読んでくださる皆さんに菜園の風を届けられたら幸いですし、私のまいたタネがどなたかの心で芽を出し、「野菜を作ってみようかな」と思っていただけたなら、こんなにうれしいことはありません。

目次

春

夏

秋

この本に出てくる人

＊私
園芸の知識ゼロ。きまぐれで農園を借り、オシャレな野菜作りに憧れて、妄想ばかりしている。計画性がなく、畑作業はすべて思いつきのトラブルメーカー。タネまき・植えつけ・害虫駆除担当。

＊夫
ゴルフ好きのサラリーマン。興味のなかった畑仕事に急速にのめりこむ。几帳面で、常識的な考えの持ち主。運搬・土作り担当。「畑は無料のスポーツジムだ」と、体を張って耕す。

＊N村さん
区画のお隣さん。菜園歴十数年のベテラン。スイカからラッキョウまで、育てる野菜は奥様のリクエストらしい。頼れる隣人だが、菜園を拡張しようと、我が畑を狙っている。

＊O野さん
反対隣のベテラン。畑仕事は平日の朝が多い。トウモロコシを害獣から守る方法や、ハクサイの越冬法など、知恵を授けてくれる。毎年ソラマメをたくさん育てる理由は謎。

＊ミスターB
向かいの区画を借りる陽気なイギリス人。作った苗やできた野菜を惜しみなくくれる太っ腹な性格。日本人の奥様のために、名も知らぬままゴボウを育てる。

＊M島さん
斜め隣の菜園家。収穫間際の我が黒豆を奪ったりするが、海外旅行先でお土産を買ってきてくれるので、私には大事な隣人。トマト命。地方野菜が大好き。

＊ユウくん
幼稚園児。親友の甥っ子で、3歳から野菜作りを始めた先輩。我が農園に手伝いに来て、私の野菜作りにダメ出しをする。

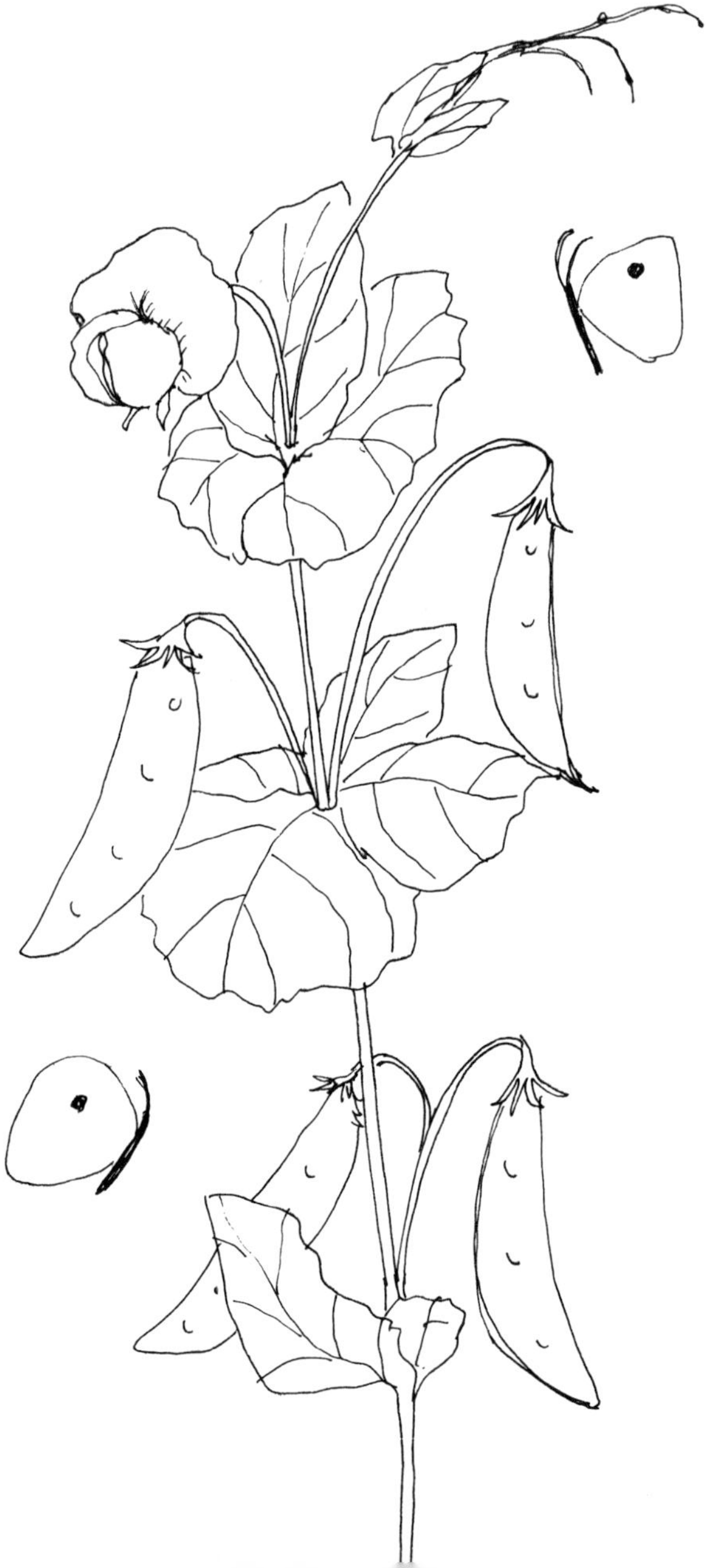

春

畑を借りたが、どうしてよいやら。とりあえずクワを買いに行く

「ぼくは野菜作りなんて興味ない。どうしてもやるなら、ひとりでやって」

きまぐれで畑を借りることにした私に、夫は猛反対だ。

「なんで？　一緒にやろうよ」

「あのさ、畑仕事がどういうものか、わかってて言ってるの？　タネまいて終わりじゃないんだよ。世話をするんだよ。放っておいたら虫がつくし、草ぼうぼうになるんだよ。だいいち、3キロのお米も重くて持てない人が、100平米もの畑をどうやって耕すわけ？」

「耕すのはあなたで、私はタネまきと水やりと収穫を担当するよ」

「冗談じゃない！　汚れるし、疲れるし。平日会社で働いているのに、なんで休日まで畑で働かなくちゃいけないわけ？　そんな時間があったら、ぼくはゴルフの練習に行くよ」

「ああ、そうですか。わかりました。じゃあ、運転だけしてよ」

私はいやがる夫に頼んで、農園へ向かった。前日に『貸し農園あります』の立て札を見つけ、さっそく貸し主に電話をしたところ、「好きな区画を選んで、また連絡くだ

さい」と、農園の場所を教えてくれたのだ。

「うわぁ〜、すご〜い！」

そこは雑木林の脇に広がる農園だった。風が木々の枝を揺らし、野鳥のさえずりと虫の音しか耳に届かない。

「わーい、ここぜーんぶ、私の土地だよ！」

「違うでしょ。でも、いいねえ、ここ」

農園の区画は、地面に張られたロープで仕切られ、借り手のついた場所には、名前の書かれた木片がさしてある。それのない区画から自分の畑を選ぶのだ。

「日当たりってどうなの？」

「東があっちだから、太陽はこう動くね」

夫は、方位磁石なしでも方角がわかる人だ。

「じゃあここでいいや。水道も近いし」

私は、雑木林のへりから3つ目の区画に仁王立ちした。

「ついに私も土地持ちだね。思えば長い道のりだったよ」

夫は区画の周りをとぼとぼと歩いていたが、やがてため息をついた。

「ほんとに１００平米あるぞ」

「なんでわかるの？」

「歩幅で測ったんですよ。10メートル×10メートルあります」

「さっすがー！」

夫は、メジャーなしでも長さや距離が測れる人なのだ。

「10平米もあれば、じゅうぶんなのに。１００平米だなんて、家庭菜園の広さじゃないよ」

「じゃあ農場だね。私たちきょうからファーマーだね！」

そう叫んだ私を、夫はにらみつけた。

「ぼくはいっさい手伝いません」


「野菜作りの経験はあるの？」

貸し主は、農園の近くに暮らす農家の老夫婦だった。契約書にハンコをつきながら、小柄な奥さんは終始ニコニコしている。

「いいえ、まったくありません。これから勉強します」

「そう。楽しんでね。契約では2月からのスタートだけど、その前に始めてもかまわないから」

その日から、私は週末ごとに畑の視察に出かけた。むろん運転手同伴だ。

「見て見て、私の畑！」

区画にささった木札に、マジックで『金田さん』と書いてある。

「まるで墓標だな」

夫は、連日の説得で、「バイト代をくれるなら、少しは助けてやってもいい」と言い始めていたが、それでもやはり不機嫌だった。

「見て、ここ。動物の足跡があるよ！」

なんの足跡だろう。クマではなさそうだ。

「タヌキかな？　ウサギかな？　私の畑に遊びに来るかな？」

「来る来る。それで野菜をぜーんぶ食べちゃうんだよ。それより向こう見て。人がいるよ」

振り向くと、広い農園のかなたで何やらのろしが上がっていた。バーベキューなのか焼畑なのか、麦わら帽子のおじさんたちが集まっている。

「別の農園から集団で移ってきた人たちがいる」と畑の大家さんが話していたが、彼らがそうなのかな。「集団で」なんて、ソ連のコルホーズみたいだ。

「あんなふうに、みんなと仲良くできるの？」

夫の言葉に、私は黙りこんだ。人見知りで内弁慶。「お友達と積極的に仲良くしましょう」と小学校の通信簿にも毎年書かれ、いまだにその性格は変わらない。

「周りの区画の人って、どんな人なのかな……」

内心、それだけが不安だった。

それから2週間後。私はついに、農園のメンバーと出くわしてしまった。

畑を見に行くと、小道をはさんだ向かいの区画で、おじさんがスコップで土を掘り返

1 この場所に決めました。広さは約100平米。
2 何やら動物の足跡を発見しました。
3 私が買った備中グワです。どんなクワかは本文で。

していたのだ。

「ハーイ！　コンニ～チワ～！」

笑顔で手を上げたおじさんは、なんと外国人だった。年は50代だろうか。ブルーの目に真っ白な髪。冬だというのにTシャツ姿で汗だくだ。一緒にいるかわいい子は、息子さんだろう。

「こ、こんにちは。よろしくお願いします」と慌てて返したのだが、まさかお隣が外国の人だなんて。でも、それより驚いたのは、彼の掘っていた土の深さだ。尋常じゃない。腰まで地中に埋まっていたのである。

「あれはいったい何をやってるの？」と、小声で夫に聞いた。

「知るわけないでしょ。ぼくに聞かないでよ」

親子は英語で話していたが、いったいどこの人なんだ？　アメリカ人か？　オーストラリア人か？　遺伝子組み換えトウモロコシとか、作るつもりじゃないだろうね。

「ねえねえ、私たちも視察ばかりしてないで、そろそろ準備を始めたほうがいいんじゃない？」

まだ土を耕してもいないのに、「畑を始めた」と友人にふれ回ってしまったのだ。

「早くしないと、もうあちこちから野菜の注文が入ってるんだよ」

すると夫は即答した。

「スーパーで買ってあげな」

ともかく、野菜作りの道具を買おう。でないと何も始まらん。

「土を耕すんだから、クワでしょ、クワ」

近所のホームセンターに出かけた私たちは、数分後、園芸コーナーで呆然と立ち尽くしていた。クワにこれほど種類があるなんて、思いもしなかったのだ。

「どれでもいいいんじゃない。これなんかかっこいいよ」

手に取ったクワには、「竹の子掘り用」と書いてある。刃の大きさや角度がさまざまで、どれを選んでよいやら見当がつかない。

「あのー、畑を始めるんですけど、何を買ったらいいんですかね？」

私は売り場のお兄さんをつかまえた。お兄さんは私から農園の場所を聞くと、「あのへんの土は、たぶん粘土質だな」とつぶやき、こう続けた。

「とりあえず、スコップと備中グワがあるといいですよ。まずは土を掘り返し、それから堆肥と腐葉土を混ぜるんですが、それにはスコップと備中グワが便利なんです」

お兄さんが出してくれたクワは、先が3つに分かれていた。

「刃がこうなっていると、粘土質の硬い土も耕しやすいし、刃に土がつきにくいんですよ」

なるほど。知らないことっていうのは、人生にいくらでもあるもんだな。

「深さ30センチは耕してくださいね。ダイコンやゴボウを育てるなら、50センチは耕したほうがいい」

ゴボウで50センチなら、あの外国人は何を作るつもりなんだろう。遺体でも埋めていたのか？　そう思いながら、私は備中グワを手に、アレを探した。バッグや服を買えば、それが自分に似合うか確認するのはあたりまえ。クワだって同じだ。しかし、そのような欲求は園芸界では一般的でないらしく、売り場には一枚の鏡もなかった。しかたない。

「どう？　似合う？」

クワを背負いポーズを決める。お兄さんはニコニコ。夫は無表情で言った。

「コンビニでも襲撃できそうだよ」

私は大いに満足し、備中グワとスコップを買ったのだ。

さあ、いよいよ土を耕しますが、その前に大変な問題があるのです。

牛のアレと腐った葉っぱに大枚をはたく

「計画なんて面倒だよ。適当にタネまいちゃだめなのかな？」

勉強のために買った『やさいの時間』というNHKの番組テキストには、こう書かれていた。

「作りたい野菜をリストアップして、畑の広さに合わせて作付け計画を立てましょう」

あらかじめ、どこに何を育てるか決めておけというのだ。

書店で園芸書を立ち読みしていて知ったのだが、NHKで、野菜の作り方を教える番組を放送中らしい。そのテキストが、初心者の私にはわかりやすかった。

「だめだめ。そんなことしたら、耕作放棄地と間違われるよ。耕作放棄は契約違反だからね」

夫は、やるからにはきっちりやりたい性分だ。やむなくテキストを参考にプランを練ることにしたのだが、「1坪ミニ菜園プラン」から「30平米本格家庭菜園プラン」まであるのに、肝心の広さがない。

「おーいNHK、100平米がないぞ」

「あるわけないよ。広すぎるんだって」

「じゃあ、とりあえず30平米を3倍にしとく？」

そう提案したのだが、夫は口をへの字に曲げて黙っている。菜園家になる運命を、いまだに受け入れられないようだ。

「元気出しなよ。計画より、まずは土作りだよ」

夫の肩をたたくと、私はテキストを読み上げた。

「えーと、『土に完熟牛ふん堆肥と腐葉土を混ぜる』だって。ん？ 意味がわかんないぞ。牛ふん堆肥って、牛のうんこだよね。それが完熟って、どういうこと？」

私の知っている完熟は、トマトの水煮缶だけだ。

ますます沈んでいく夫を無視して読み進めると、その完熟牛ふん堆肥は、1平米当たり3〜4キロ混ぜろとあった。

「ということは、うちの畑にはどれだけ混ぜればいいの？」

「400キロだよ」

夫の声には感情がなかった。

「400キロ⁉」

一瞬気を失った。

「ありえないよ！ どこで買うの？ いくらするの？ 車で運べるの？」

夫はこの世の終わりのような顔だ。無理もない。愛車に牛のうんこを乗せるだけでも悲劇なのに、それが400キロだなんて。

さすがに私も、こりゃあ大変だと気づいたが、難問にぶつかったときは奥の手がある。別の楽しいことをして、現実を先延ばしにするのだ。

「このことは忘れて、土を耕そう。備中グワも買ったことだし！」

テキストは放り出し、クワとスコップを持って、私は夫をなぐさめながら畑へと向かった。

さあ、初めての耕作だ。やり方は『まんが日本昔ばなし』で見て、知ってるぞ。クワを高く振り上げ、ざくっと打ち下ろす。そうして土を引き起こしては、畑をフカフカにするのだ。

耕作を始めてわずか5分で、私は牛のうんこの悩みなどすっかり忘れてしまった。無心で土を耕すことが、これほど気持ちがいいなんて。何より、初めて見る夫の農夫姿にほれ直してしまったのだ。荒い息。したたる汗。盛り上がる筋肉。夫の魅力を忘れてしまっている世の奥さんは、夫婦で畑をするべきだよ。

「オット、かっこいい！」

私はこらえきれず、夫の背中に抱きついた。

「邪魔だよ！」


翌週。

現実から逃げきれなくなった私は、ついに牛ふん堆肥と腐葉土を購入した。

上　買った牛ふん堆肥と腐葉土の、ざっと半分です。
下　いまでは1台ほしい！
左ページ　土を耕す夫の背中には、いまでも見とれます。わざわざ後ろに回って観賞するほどです。

その後の学習により、1平米当たり堆肥と腐葉土を合計3〜4キロ混ぜればよいとわかり、区画の中に作る小道には堆肥を混ぜないことにして、牛ふんを400キロも買う必要はなくなった。しかしそれでも、すさまじい量だった。

金額は、腐葉土も合わせて3万円以上4万円未満と言っておこう。バブル時代にビザカードを作って以来、世界中でいろんなものを買ってきた私だが、まさか牛のうんこを買う日が来るなんてね。

「お支払回数は？」

「一括で」

サインをしながら、涙がにじむ。

「服を買うならともかく、牛のうんこと腐った葉っぱに、こんな大枚をはたくなんて……」

「野菜買ったほうがよっぽど安いね」

夫が軽蔑の目を向けてくる。

幸い、牛ふん堆肥は臭くなかった。さらさらしていて、これはもはやうんこではない。これがＮＨＫの言う「完熟」なのか。

「こんなもの、ぼくの車にはぜったいに乗せない」

夫が愛車での運搬を拒むので、ホームセンターで軽トラを借りることにした。

「おお、いまどきの軽トラは、オートマか。ぼくはこれで東京に出てきたんですよ」

ハンドルを握った夫は、ちょっぴりうれしそうだった。夫は軽トラに家財道具を積み、長野から上京したそうだ。私は、高級車からスポーツカーまでさまざまな助手席を経験してきたが、こんな車に乗るのは初めてだ。足元にさきイカの袋が落ちているし、灰皿はタバコの吸い殻でいっぱいだし、初めはおかしくて笑い転げていたが、硬いベンチシートに揺られ出すと、たちまち思い直した。

「これは、私の乗るべき車ではないぞ」

「そうだろ？　ぼくたちシティー派だろ？　やめようよ、畑なんか」

「いまさら何言ってんの？　白洲次郎と正子だって、畑やってダイコン作ってたんだよ！」

その日から私たちは、週末のたびに畑の土作りに精を出した。そんなある日、「ちょっとちょっと」と、夫が私を手招きした。

「あの牛ふん、どこで買えるのか聞いてきてよ」

見ると、農園の駐車場に牛ふんの山ができていて、おじさんがそれを一輪車に小分けに積んでは、自分の区画まで運んでいた。離れた区画の人だったので、気にもとめていなかった。

「あんなに山盛りで買えるのは、ホームセンターの牛ふんじゃないよ。ホカホカしてるし」

たしかにその牛ふんは湯気をたて、ホームセンターで買ったうちの牛ふんは冷えきっている。

私はしばらくおじさんを観察していたが、やがて夫を振り向き、無言でにらみつけた。知りたければ自分でやるべきだ。私の人見知りを知っているくせに、初対面のおじさんにそんなことを聞いてこいというのか？

すると夫はくるりと背を向けた。「ぼくは耕作に忙しいのだ」と言わんばかりの態度である。文句を言いながらも、畑仕事に協力するようになった夫だ。ここで断ったら、「じゃあやめようよ、畑なんか」と、また言い出すに決まっている。

ようし見てろ。私はスコップを放り出すと、つかつかと歩いていき、牛ふん山の頂上にいるおじさんを仰いで、こう聞いた。

「その牛ふん、どこで買ったんですか？」

不意をつかれたおじさんは一瞬たじろいだが、すぐに笑顔で教えてくれた。

「あの林の向こうで、農家が牛を飼ってるんですよ」

「はあ」

「その農家に頼むと、配達してくれるんです」

「ほお」

「軽トラ1台2000円ですよ」

「えっ⁉」

左　モーモーと湯気をたてて滑り落ちる発酵中の牛ふん堆肥。これで2000円です。

あまりのショックに、私はお礼を言うのも忘れ、ふらふらと夫のもとへ戻った。

「どうだった？」

「……」

「どうだったの？」

「……あの林の向こうで、牛を飼ってるんだって」

「ふんふん」

「そこに頼むと、配達してくれるんだって」

「そっか。どうりで新鮮そうなわけだね」

「軽トラ1台2000円だって」

「へっ⁉」

立ち尽くす夫婦の間を、花粉まじりの春の風が吹き抜けていく。思い知った。人間、社交的にしていないと、お得な情報は流れてこないのだ。

夫は、まもなく気持ちを切り替えた。

「もうホームセンターの牛ふんがじゅうぶんあるから、農家の牛ふんはいらないよ。だいいち、あれは完熟じゃないからね」

でも私は……。あの金で何が買えたかと思うと……。しばらく寝込むよ。

◉菜園の豆知識
堆肥と肥料
堆肥は、土をよくするために使うもの。土に混ぜて耕すことで、野菜が育ちやすい、フカフカの土を作ってくれます。いっぽう肥料は、野菜の成長に必要な栄養素で、葉や茎を成長させ、花や実をつけ、根を伸ばしたりするために働きます。
堆肥にも肥料分は含まれていますが、わずかなので、肥料をやらないと野菜は栄養が不足して思うようには育ちません。同じ「肥」がつきますが、堆肥と肥料は役割が違うんですよ。

これがあのエダマメ⁉
初めて知る真実に仰天

「えーと、タネ、タネ。野菜のタネはどこかな」

きょうも私はホームセンターに来ている。以前はほとんど来ることのなかった店だが、農園を借りてから、もう三度目だ。伊勢丹新宿店へ行くより頻度が高くなってきたぞ。いっそ野菜のタネも伊勢丹で売ってくれたらいいのに。2階で靴を買って、5階あたりでタネを買って、地下に降りて仙太郎のぼた餅を買って帰るなんて、アーバンファーマーっぽくていいじゃない。

「おー、あったあった」

タネ売場を見つけて一瞬興奮したが、すぐに冷めて、「ふーん」と思った。はっきり言おう。野菜のタネ袋のデザインは、ぜんぜんいけてないのだ。しかも、どの野菜もパッケージはそっくりで、ちっともかわいくない。これじゃあ伊勢丹で売るわけがない。

気を取り直し、「えーっと、何を作ろうかな。おっ、エダマメだ」と腕を伸ばしたが、「ん？」と手が止まる。

隣も、そのまた隣も、ずっとエダマメのタネが並んでいる。スーパーで「エダマメ」

として売られている野菜に、いくつも種類があるではないか。

「そうか。これが品種ってことか」

何が違うのかとタネ袋を見比べると、豆が緑色とか茶色とか、収穫まで早いとかじっくり育つとか、さやに生えている毛が黒いとか白いとか書いてある。

「犬にもプードルやチワワがいるのと同じだな」

そう納得はした。しかし、犬ならともかく、エダマメの毛の色なんて、何が重要なんだろう。

そして私は、あることに気がついた。エダマメの品種名は、妙に艶っぽいのである。
・湯あがり娘
・なつのまい
・おつな姫
おそらくこれは、男が考えた名前だな。タネ業界のおじさんたちは、「オヤジの風呂上がり」ではなく「お姉さんの湯上がり」というイメージでエダマメを売りたいらしい。「そんな思惑には乗せられないぞ」と私が選んだエダマメは、「味源」という品種だった。理由は単純。「3粒入りのさやがたくさんできる」とタネ袋に書かれていたからだ。毛の色より、収穫量でしょ。

エダマメに限らず、野菜の品種名にはおかしなものが多い。いま売られているものか

2	1
4	3

1 大人の事情で日本のタネ袋は紹介できませんが、ソウルで見かけたタネ屋さんです。日本のタネの袋もよく似ています。
2 エダマメのタネを、ポットにまきました。
3 祝 発芽！ 感動で泣きそうでした。
4 感無量の植えつけです。ひとさやに4粒つけてもいいよ。

라벤더
코스모스
민들레
금반당고수
CR청경채
백(일정)겨자
씀바귀
참나
치커리
비트
당귀
도라지
진강케일
트레비소
참존
대원배추
참조아열무

ない。

ら、いくつか紹介しよう。まずは菜っぱ類。まじめに考えているとは、とうてい思え

・たべたい菜
・よかった菜
・うまい菜

トウモロコシの品種は、とにかく輝いている。

・おひさまコーン
・キラキラコーン
・みわくのコーン

キュウリの品種名には、首をひねってしまう。

・なるなる
・ピノキオ
・イボ美人

「筋肉ゴーヤマン」はゴーヤーで、「なべちゃんネギ」はネギ。「ハットリくん」は葉ダイコンで、「カメハメハ」はスイカだ。売り場で見て思わずふいたのは、「こまつみどり」と、「さつきみどり」だった。若い方はご存知ないだろうが、小松みどりと五月みどりは、どっちも歌手や女優をしている姉妹だ。

しかしタネの世界では、「こまつみどり」はコマツナで、「さつきみどり」はキュウリ

なのである。なんと、「さつきみどり」には「さつきみどり2号」もいて、こっちはインゲンだ。これはキュウリとインゲンがたまたま同姓同名だったと考えればいいのか？　だいいち「2号」って、愛人か？

笑いながら、こまつみどりをカゴに入れたが、「待てよ」と思い直した。「家庭菜園なんて、どうせすぐに飽きるんだから」と、夫にも友人にも言われ続けているのだ。こんなオモシロ戦略に踊らされているようでは、地に足のついた菜園家になれないぞ。私はタネ袋の表示を熟読し、育てやすさと収穫量を重視して、品種を厳選した。

さあ、いよいよタネまきだ。エダマメは、畑に直接まくと鳥が食べちゃうので、ポリポットで苗を作ってから畑に植えろと『やさいの時間』のテキストに書いてあった。「ごん兵衛がタネまきゃカラスがほじくる」というのは、うそではないらしい。私はベランダで、ホームセンターで買った育苗用の黒いポットにタネまき用の土を入れると、ウキウキしながらエダマメのタネ袋を破いた。

「ええっ⁉」と、またも仰天。袋から出てきたのが、節分の豆だったからだ。さすがに煎り豆ではなさそうだが、「鬼は～外」とまく、あの豆である。

テキストを読むと、なんと、エダマメは若いダイズだと書いてある。40年もエダマメを食べ続けてきたが、まったく知らなかった。

「ということはつまり、エダマメは育つとダイズになって、そこから芽を出すとモヤシになるってこと?」

理解に苦しむ。だって、モヤシはあんなに入って1袋46円で買えるのに、エダマメは1袋300円くらいするじゃないか。

ブリは出世魚だが、エダマメは没落していくのか。複雑な気持ちになりながらも、私はテキストどおり、ひとつのポットに3粒ずつタネをまき、たっぷり水をやった。

そうして10日ほどたった日、水やりをしようとベランダへ出た私は、

「おっ?」

ポットの中で、何やら緑色の物体が土を持ち上げているのを発見したのだ。

「おおー!　おおー!!　おおおー!!!」

エダマメが、大地を割って芽を出そうとしているじゃないの。大地じゃなくて、ポットの土だけど。うれしくて、ますます熱心に水をやっていると、まもなくすべてのポットで、双葉がすっかり顔を出した。

「ううむ、これは……」

上　エダマメのタネは、ダイズでした。
左　江戸時代、枝つきのまま茹でたので「エダマメ」の名がついたそうです。

エダマメの双葉は、葉というより、エダマメそのものだった。ダイズをまいたらエダマメが出たのである。もう、よくわからなくなってきたよ。

「エダマメの芽って、やわらかくておいしいんだって。鳥の大好物なんだって」

夫は、ゴルフ仲間のおじさんから、その話を聞いたという。

「Uさんも、家のそばで家庭菜園をやってるんだってさ」

「へー。いつから？」

「もうずっと前から、軽トラまで持ってるんだって」

「家庭菜園を始めた」と話すと、「じつは私も」と言い出す人が身近にちらほらいて驚かされる。別に隠すような趣味じゃないと思うのだが。

「だからね、エダマメの芽にはカゴをかぶせて、鳥に食われないようにしたほうがいいんだって」

夫の言葉に、私は慌てて、洗濯のカゴをエダマメにかぶせた。1週間後には無事に本葉も出て、苗らしくなってきた。畑に植えつけるのが楽しみだ。

ちなみに、エダマメの隣では、同じ頃にタネまきしたニラも芽を出した。細くて、針みたいな芽だ。ニラは、芽のときからニラである。

「匂うのかな？」と嗅いでみたが、無臭だった。人間もニラも、きっと年をとると匂ってくるんだろう。

20歳も上のおじさんと、おつき合いに四苦八苦

「畑の周りを、ぐるりと塀で囲っちゃおうよ」

畑を始めた頃、私はそんなことばかり言っていた。農園のメンバーは、おじさんとおじいさんばかり。ご夫婦もちらほらいるが、20歳も30歳も上の人と、話が合うわけがない。

「閉鎖的なことを言ってちゃだめだよ。皆さんと仲良くしないと、お得な情報も流れてこないんだからね」と夫が言う。

それは「牛ふん事件」で身にしみてるよ。よし、やろう。私はこの農園で、社交的な人間に生まれ変わるぞ。

週末、私は勇気を出して、農園のおじさんメンバーに声をかけてみた。

「はじめまして。よろしくお願いします」

「よろしく。野菜作りは、もう長いの？」

「いいえ、初めてです。え？　もしかして、家庭菜園のご経験があるんですか？」

「うん。もう10年くらいかな。借りていた畑が手狭になったんで、ここに移ったんだ」

農園の初代メンバーだから、みんな揃って一年生だと思ったら、おじさんたちはほと

んどが野菜作りの経験者だったのだ。

なかでも、両隣の区画のN村さんとO野さんは超ベテラン。すでに定年を迎え、いまでは畑が仕事場だ。

「ナスの苗作り、どうしてます？」

「ぼくは、昼は床暖房の上に置いて、夜はお風呂の湯ぶねにふたをして、その上で育ててるんですよ」

「なるほどね〜」

二人のおじさんは、ナスをタネから育てているらしい。野菜作りのテキストには、トマトやナスの苗作りは難しいので、ホームセンターで買えと書いてあるのに。

夫は、二人が帰ると、両者の畑をコソコソと偵察した。そして、

「N村さんの畑の土はフカフカだよ」「O野さんの畑では、もう何かの芽が出てるよ」

と、いちいち報告してくる。

「それって、『お隣の○ちゃんは塾に通い始めたよ』とか、『向かいの△くんはお受験だって』とか、我が子と比べている親と同じだよね」

そう言うと、夫はむっとした。

「ぼくはただ、失敗したくないから参考にしているだけだよ」

もちろん、隣がベテランだと心強い。まず私にできなかったのが「間引き」だ。野菜

2	1
4	3

1　畑にまいたタネは、こんなふうに発芽します。
2　2〜3回に分けて間引き、元気なものを残します。もう立派にカブですね。
3　ダイコンの間引き菜。おいしく食べられます。
4　イギリス人の農園メンバーに、レタスの苗をもらいました。

の芽を、元気のよいものだけ残し、ほかを引き抜くのである。私の選択に野菜の命がかかっているわけだ。希望に満ちて伸びようとしている子の未来を摘み取るなんて、そんなむごいこと、できやしない。

「N村さん、ちょっと来てください！」

私はお隣さんを呼びつけた。目の前には、カブのかわいい芽が並んでいる。

「間引きって、どれを抜けばいいんですか？」

「どれでもいいんだよ。元気そうなのを残せば」

「みんな元気そうですよっ！」

そんなシロウトを彼がどう思っていたか、後に聞いたらこう言われた。

「隣の夫婦、さっさと飽きてやめないかな。そしたらぼくの畑を広げられるのにって思ってたんだよね。うそうそ、冗談だよ。あはははは」

私と夫は「ははは」と顔では笑ってみせたが、内心凍りついた。

「あれは、おそらく本心だぞ」と夫。

「どうするの？　みんながうちの畑を狙ってるんだよ」

「四面楚歌だな」

土地を狙っているといえば、もうひとり、向かいの区画に、かつて世界中に領土を広げていたあの国の人がいる。イギリス人のミスターB。腰まで埋まって土を掘り返していた、あの外国人だ。

ある日、私がひとりで畑にいると、「コンニチワ〜」と、彼が不意に我が領内に侵入してきた。

（な、なんだっ⁉）

身構えた私に、彼は笑顔で、手にしていたポット苗を3つつき出した。

「これ、植えてみて」（英語であるが、日本語に訳しておく）

「えっ？」

「ぼくがタネから育てたレタスなんだ。あげる」

びっくりした。しかし、受け取らないわけにはいかない。「ノーサンキュー」なんて断ろうものなら、農園の友好関係にヒビが入ってしまう。

「あ、ありがとうございます」と頂いたものの、私はひどく動揺した。

（どうすりゃいいの、これ？　とりあえず持ち帰って考えよう）

すると、いったん自分の畑に戻ったミスターBが、小さなスコップを持って再びやってきたのだ。

「これ使いな」

「ええっ、いま植えるの⁉」と、思わず日本語で言ってしまった。

「イエ〜ス！」

日本語が苦手な彼は、私の表情を、うれしい驚きと勘違いしたらしい。

（ええい、こうなったらやるしかない。友好関係がこじれることだけは避けなければ）

私はその場にしゃがみ、目の前の土にそのレタスの根っこをねじこんだ。そしてあっさり植えつけ完了。

（記念すべき初めての植えつけが、他人の育てた苗だなんて。ごめんね、エダマメちゃん）

ベランダで育っているエダマメを思って心で泣いたが、次の瞬間、ハッとした。

（このレタスが枯れたらどうしよう⁉　友好のために、これだけはぜったい失敗できないぞ……！）

幸い、ミスターBのレタスは、どうにか枯れずに根づいた。それにしても、彼の畑では作物が元気だ。同じ苗を同じ頃に植えたはずなのに、レタスもずっと大きく育っている。

「ユーのベジタブルは、どれもワンダフルですね」

そう声をかけると、ミスターBはうれしそうに言った。

「しっかり土を肥やしたからね」

やっぱり大事なのは土なんだな。そんな話をしながら私たちが帰ろうとしたとき、

「ちょっと待って。これあげる」

ミスターBはそう言うと、畑からホウレンソウをたくさん抜いて、私にくれたのだ。

「えっ……。いいんですか、もらって？」

右　ミスターBにもらったレタス。慌てて植えたので混み合いましたが、枯れなくてほっとしました。

左　夫が新車を買ったとき、農園のメンバーはまずトランクを見ました。「これなら堆肥がたくさん積めるね」。

「もちろん。おいしいと思うよ」

「サンキュー！」

ほかの人から野菜をもらえるなんて思ってもいなかったので、びっくりだ。車に乗ってドアを閉めると、私は夫にささやいた。

「ねえねえ、野菜をもらえるんなら、周りがベテランなのも悪くないよねぇ」

N村さんやO野さんの畑も、自分が食べる野菜が育っていると思えば、見る目も変わってくる。

「次は何がもらえるのかな。あのエンドウ豆も食べ頃だよ」

「まったく、いやしいねぇ」と、夫は眉をひそめた。

しかし、帰宅後すぐに炒めて食べたそのホウレンソウの味には、「おいし〜っ！」と震えていた。夫も、周りの畑を眺めて、密かに思っていることだろう。

「あのジャガイモがとれたら、焼いてバターをぬって、むふふ」

◉菜園の豆知識
間引き
タネをまいて芽が出たら、間引きをしなければいけません。密に生えていると、地上部は混み合って病気になりやすく、地下では根がぶつかってしまいます。何より、隣にスペースがないので、野菜が大きく育たないのです。最初からまくタネを減らせばよいと思うでしょうが、タネは100％発芽して元気に育つわけではないので、多めにまく必要があります。
葉が食べられる野菜は、間引いた命も無駄にはなりません。私は、カブの間引き菜をお味噌汁の具にしました。思えばそれが、人生初の収穫でした。

夫も親友もわかってくれない、私のオシャレ心

「見て、これ。うちの畑だよ」

「へー、もうここまで進んだんだ」

親友のYは、私からしつこいくらいに畑の自慢話を聞かされている。その日も、畑のデザインを見せられていた。

「畑に、十字の道を作って、野菜を植える場所を4つに分けたの」

野菜を育てる「畝《うね》」の向きをエリアごとに変えたので、風車の羽根のように見える。

「いいでしょ？　ね、いいでしょ？」

「うん。で、この広く空いてるところは何？」

「ハーブガーデンだよ」

聞こえはいいが、実態は私好みの無計画ゾーンだ。ハーブと花を適当に生やせば、イングリッシュガーデンっぽくなるだろうと、たかをくくっていた。

「この風車っぽいデザインって、自分で考えたの？」

「もちろん」

うそである。電車の窓から見下ろした、とある畑のまねなのだ。見た瞬間にハートを

つかまれ、それまで夫がすべて同じ向きにしていた畝を、無理やり変えさせたのだ。

「ここまで作ったのに、やり直しなんてありえないよ！」

夫は激しく抗議した。

「わかるよ。でも、よりよいものを追求しないとさ。こっちのデザインのほうが断然オシャレなんだから」

「畑にオシャレもデザインもない！」

「あのねぇ。私はオシャレな畑でオシャレに野菜を収穫したいんですよ。すてきにデザインされた畑。ところどころに植えられたお花。飛び交うチョウ。きっとウサギやリスも遊びに来るよ。みんなでハーブに囲まれてお弁当を広げるの。食後はミントを摘んで、ハーブティーはいかが？　な〜んて。くくく」

これ以上は何を言っても無駄だと悟ったのだろう。夫は黙って、畝を作り直したのである。


とにかくオシャレに野菜作りがしたい。そう思っていた私には、気になってしようがない貸し農園があった。都内某所にある、会員制都市型菜園だ。

「よくまあ、そんなかっこうで畑仕事ができますねぇ」

その日も私は、テレビを見ながら毒づいていた。その頃、都心で野菜作りを楽しむ人の様子がしばしばメディアで紹介され、その菜園もよく取材を受けていたのだ。

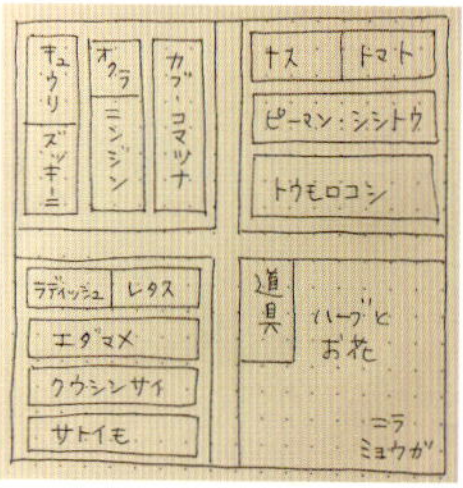

当時の畑のデザインです。

1
3 | 2

1　その頃の私の畑。なんでも真っすぐにしたい夫のせいで、ちっともオシャレじゃありません。
2　花柄もんぺがマイブームでした。
3　どうにかイングリッシュガーデンっぽいものができました。

土をいじっているとは思えないほどオシャレな服で野菜の世話をするマダムたち。使っている農具もやけにかっこいい。どうやら英国製らしいのだ。

「あんなクワ、ホームセンターで売ってなかったもん。ちっ」

要するに、うらやましいのである。私はテレビで見たことを、夫に報告した。

「畑の道具は全部貸してくれるんだって。お化粧室もあるんだって」

うちの農園には、工事現場でおなじみの簡易トイレがあるだけだ。

「常駐スタッフが野菜の育て方を教えてくれて、水やりをしてくれる代行サービスまであるんだってさ」

「うちだって、隣のN村さんに頼めば水やりくらいしてくれるよ。毎日畑にいるから、常駐スタッフみたいなもんだ。英国製の道具はなくても、英国人がいるじゃない」

「そうだけど……」

数日後、私はついにたまらなくなり、その菜園に偵察に行くことにした。むろん、部外者は畑に入れない。でも、隣接するガーデニングショップなら、買い物ができると聞いたのだ。

（うっわ～、オッシャレ～！）

店に足を踏み入れたとたん、私は猛烈に興奮した。これこそが私の求めていた世界だ。

（あっ、あのクワだ！）

部屋に飾りたくなるような、美しい農具が並んでいる。ホームセンターで備中グワを買って喜んでいた自分がアホみたいだ。

「いらっしゃいませ」

店員さんに声をかけられ、私は思わずうろたえた。客なのだから堂々としていればいいものを、なぜか引け目を感じてしまう。そこで必死に、こんな表情をしてみせた。

「ちょっと用事があってそこまで来たら、偶然お店が目に入って、寄ってみたんです。ここがうらやましくて、わざわざ電車に乗ってきたわけじゃないんですよ。それにしても、すてきなクワですね」

そして、クワの触り心地を確かめるふりをして、さりげなく値札を見たのだ。

「うっ……！」

1万円近くする。

（高いなぁ。備中グワは3000円で買えたのに）

何かほかに買えるものはないかと店内を物色していると、小さな木の札が目にとまった。タネまきした植物の名前を書いて、土にさしておくアレだ。

ホームセンターでも見かけたが、「墓地の卒塔婆じゃあるまいし、こんなものさしてどうするんだ？　自分で植えたもんくらいわかるだろ」とケチをつけていた私だ。

しかし、私はそれを手に取り、買ってしまったのである。

その日の午後、私は親友Yにその木札を見せた。

「何それ？」

「野菜の名前を書いて、土にさしておくやつだよ。例の都市型菜園のショップで買ってきたの」

「そんなの、ガリガリ君の棒でもさしておけばいいでしょ」

「ガリガリ君の棒じゃ、細くて書けないでしょ！　だいいち、オシャレじゃない」

「それだってオシャレじゃないよ」

その晩、夫もあきれて言った。

「それ、ホームセンターでも売ってたよね？」

私は真っ赤になって反論した。

「これはあの菜園のオリジナル商品ですよ！」

「いいえ、ホームセンターのと同じです」

「似てるけど、たぶんこれは英国製だよ」

そう言うと、私はその木札に「lettuce」とか「レタス」とか書き、「英語がいいかな。カタカナもかわいいよね」などと浮かれていたのだ。

そして週末、我が畑では、ニンジンのタネまきが行われた。ニンジンのタネなんて初めて見たが、とっても小さいんだな。そのタネに優しく土をかけると、私はさっそく例の木札を取り出し、書いたのだ。

『にんじん』

●菜園の豆知識
畝はなぜ作るの？

野菜は、地面より土を少し盛り上げた「畝」で育てるのが一般的です。土を細長く盛り上げ、そこにタネをまいたり、苗を植えたりするのです。

畝を立てるメリットは、水はけがよくなること。大雨が降ったときも、畝と畝の間を水が流れてくれます。通路との区別がはっきりするので、誤ってタネをまいた場所を踏んづけることもなくなります。

「く〜っ！　なんてかわいいんだ！」

それを土にさすと、愛をこめて水をやった。私はニンジンが嫌いだ。夫のためにしかたなく育てるのだが、こうして木札を立てると、愛情もわいてくる。

「もう一杯お水をあげましょうね」

ジョウロを持って水道へ急ぐと、水をくんで戻ってきた。すると夫が、ニヤニヤと笑っている。

「何？」

「そこ、見てみなよ」と、たったいま私がタネをまいた場所を指さした。なんと、さっき木札に書いた文字が、ドロドロに流れているではないか！

「なんなの、これ！」

「水性ペンで書いたって、だめですよね」

夫は腹を抱えて大笑い。私は木札をつまみ上げると、ごみ袋につっこんだ。

結局その木札は、それきり使われることはなかった。卒塔婆じゃあるまいし。自分で植えたもんくらいわかるんだよ。

水で流れた「にんじん」の文字。情けなくて言葉もありません。

昼に起きる私が5時半に起きたら、思いがけないことがあった

「明日は5時半に起きて、畑に行くよ！」

ある晩、夫がそう宣言した。夏野菜がすくすくと育っていた頃だ。

「もう3日間天気がいいだろ。心配だよ。会社へ行く前に、水やりに行ったほうがいいと思うんだ」

「平気だよ。そのへんの草や木も、枯れてないでしょ」

ちょっと晴れが続いたくらいで植物が枯れていたら、日本はとっくに砂漠だよ。

「野菜は枯れるんだってば。それに、キュウリがすごく伸びてただろ？　支柱に巻きついているか心配なんだよ」

夫はイライラしている。何をするにも丁寧な人だが、「畑なんてぜったいに手伝わない」と言っていた人間とは思えない。

「いいよ。じゃあ行こうよ。でもねぇ」

毎朝、墓からよみがえったゾンビみたいにやっと7時に起きる人が、ゴルフでもないのに早起きできるわけがない。私は予言した。

「あなたはきっと目覚ましを止める。それで二度寝して、起きたときには会社も遅刻

という悲劇にみまわれるであろぉぉぉ！」

翌朝5時半。夫は私の予言どおり、スマホのアラームを止めてまた寝た。ところがしばらくすると、不意に「うわっ！」と飛び起きたのだ。

「な、何っ⁉」

「水やりに行かなくちゃ！」

時計を見ると、6時を過ぎている。

「もう遅いってば。時間ないよ」

畑までは車で8分ほどだが、これから水やりなんかしていたら、会社に遅刻だ。

「ぼくには時間がないけど、キミにはある。トイレに行きなさい。Tシャツはそのままでいいけど、ズボンははき替えたほうがいいよ」

「ありえないよ。ぜったいいやだ。ぜったい行かないよ！」

「トマトが枯れてもいいの？」

「だから、枯れないってば！」

「枯れるんだよ。レタスもトウモロコシも、みんな枯れてしまうよ。カラッカラに枯れてしまうよ」

呪いのように言われると、そんな気がしてくる。夫は、日焼け止めを塗る時間すら与えず、帽子だけかぶせると、私を畑に連行した。

「全部の野菜にたっぷり水をやるんだよ。それと、雑草を抜いて、虫も退治してね」

夫は車から出ようともせず、私を助手席から押し出し、ペットボトルの水を渡した。

「一緒にやろうよ」

「無理。ぼくには会社があるから。バイバイ」

笑顔で手を振ると、ほんとうに私を畑に置き去りにして帰ってしまったのである。

車が角を曲がって消えると、畑はとても静かになった。人がいない。誰もいない。広い地球にひとりぼっちだ。雑木林に囲まれた農園の上に、青い空が広がっている。こずえでは鳥たちが、「朝が来たよ」と歌っていた。

私はしばらく立ったままぼーっとしていたが、やがて、あることに気がついた。空気がいいのだ。少し湿って、少し冷たい。木々が生み出したばかりの酸素なのだろうか。なんなんだ、この爽快感は。思わず深呼吸してしまう。

「気持ちいい」

これって夢かな。何しろ、ほんの15分前までは布団の中で寝ていたのだ。私は現実を確かめるように、畑を歩いてみた。

「やっぱりね。ぜんぜん枯れてないじゃん」

野菜はみんな、葉の先端までピンとしている。ひときわ目を引いたのが、黄色く大きなズッキーニの花だ。

「朝に咲くんだね」

2	1
4	3

1 早朝のミニトマト。赤くなるのはもうちょっと先です。
2 ズッキーニの花。ズッキーニは、カボチャの仲間なんですよ。
3 当時愛用していた帽子です。
4 カエルは、トウモロコシのここが好きみたい。

それまで、鼻をかんだあとのティッシュみたいな、しぼんだ状態しか見ていなかったので、その美しさに胸が震えた。

ミツバチが飛んでいる。こんな朝早くから、ハチは働き者だな。しかもタダで野菜の受粉を助けてくれるなんて。ちょっと土を耕したくらいで、「バイト代よこせ」とわめく夫とは大違いだ。

トウモロコシの葉に、朝露が光っている。

「あっ」

目が合ったのは、葉と茎のすき間にいたカエルだった。こんな間近でカエルを見るのは、久しぶりだ。この子も畑の害虫を食べてくれているのだろう。

「おはよう」

カエルはちらっと私を見たが、「あと30分寝かせて」という顔をした。

「だよね。私も眠いよ。さっさと水やりして、帰って寝よう」

私はジョウロに水をくむと、野菜たちの根元にまいて回った。はす口から出る水が朝日に当たって、キラキラと輝く。土に浸みこんでいく水を見ていると、自分の肌までが潤っていくようだ。間違いなく気のせいだけど。

その日、私は思った。

「これまですごーく損をしていた気がする」

過ごしてきた日々に、こんなに気持ちのいい時間があったなんて。それを知らずに、生きていたなんて。

「ねえねえ、明日の朝、畑に行こうよ」

「えーっ、本気なの？」

突然の誘いに、夫はびっくりした。フリー稼業をいいことに昼まで寝ている妻のセリフとは思えなかったのだろう。言った本人だって驚きだ。

ふだんより7時間も早起きすると、軽い時差ボケになる。それでも私は、朝の畑に行きたくてたまらなかった。

「40秒で支度しな！」

墓からゾンビを引きずり出し、私は日焼け止めを塗る。着替えは適当。前衛的な寝グセは、帽子で隠せばいい。誰だか知らないが、帽子を発明した人は天才だよ。

畑への道すがら、車窓から見える朝の光景は、いつも暮らしている同じ町とは思えなかった。

「こんなに早いのに、あの人もう会社に行くよ」

駅へと向かうスーツ姿のサラリーマンに、夫は感心している。

「きっとこういう人たちが、日本経済を支えているんだろうな」

そうかと思えば、毎朝同じ時間にランニングをしている小学生もいる。

「きっとこういう子が、将来日本経済を背負って立つんだろうな」

「気にすることじゃないよ」と、私は夫の肩をたたいた。「働きバチも、何割かはサボっているんだから」

畑では、その日もズッキーニが元気に咲き、ミツバチがサボらずせっせと働いていた。

「あれ？　おはよう。会社は休み？」

きょうは定年組のおじさまも、畑へ出勤だ。

「おはようございます！　出勤前に、ちょっと水やりに」

「そっか。いい天気だね」

「ほんとに！」

そんな会話が心地よい。早朝の畑通いは、夏が終わるまで続くのだ。

◉菜園の豆知識
ズッキーニの人工授粉

ズッキーニやカボチャ、スイカなどのウリ科の野菜は、雄花と雌花が別に咲きます。花がたくさん咲くキュウリは別として、実つきをよくするためには人工授粉がおすすめですが、これは朝9時頃までに終わらせるのが鉄則。花粉は、朝しか出ないからです。朝、雄花を摘んだら、花びらを取り除き、むき出しになったおしべの花粉を雌花の中のめしべにつけます。ズッキーニなら、受粉から5～8日で食べられます。

左　畑の周囲は雑木林。林の散歩も楽しいのです。

夏

人はそれを「キュウリ地獄」と呼ぶ

6月のある日、突然1本のキュウリが実った。4日ほど前に見つけた赤ちゃんキュウリが、次に見たときには大人になっていたのである。

「キュウリって、こんなに早く育つのか」

驚きながらも、ありがたくはさみを入れた。

自分で作った、初めてのキュウリだ。やや不恰好だが、かわいくてたまらない。神棚代わりにまな板に供え、拝んでから包丁を入れる。締まった果肉。みずみずしい切り口。さわやかな香りがたちのぼる。

「う〜、キュウリだ。これは、ウリ嫌いな人には無理なレベルだね」

夫は絶賛した。キュウリが苦手な人はウリの匂いがだめらしいが、ウリ好きの私にはたまらない香りだ。

「畑やってよかった〜。こんなにおいしいキュウリが食べられるなんて、幸せだなぁ」

その日以来、畑に行くたび、キュウリは私を待っていた。2本、3本と、とれる数も増えていく。どうやらキュウリは、1日に3〜4センチも伸びるらしい。5センチの赤ちゃんも、4日後には20センチ前後に育っているというわけだ。

「これなら買う必要がないじゃない。売るほどとれるよ。がははは」

一躍キュウリ長者になった私は、笑いが止まらない。4本、5本、6本。実るキュウリの数はどんどん増える。

「キュウリちゃん、もうちょっとゆっくりでいいよ」

収穫しながら声をかけても、キュウリはおかまいなしだ。夏に向かって、実をつけるペースを速めている。

7本、8本、9本……。やがて私の中で、気持ちに変化が起き始めた。

「いいかげんにしろ。とれすぎなんだよ」

味はおいしいよ。とってもおいしいけどね。いくらウリ好きだって、ひとりで毎日3本も4本も食べられるもんじゃない。夫は朝食にちょっとかじる程度だが、昼も夜も家で食べる私は、ごはんにキュウリの千切りをのせて食べ、麺よりキュウリが多い冷やし中華を食べたりしているのだ。

「このままじゃカッパになるよ」

心なしか顔が青ざめてきた。

「苗を5つも植えるからだよ」と夫が責める。

「いまさら言わないでよ」

「とにかく食べなくちゃ。この先もどんどんとれるよ」

1株に3本キュウリがなったら、合計15本だ。1週間に15本とれたら、ひと月60本っ

1
3 | 2

1 キュウリはウリ棚で育てます。ゴーヤーと混ぜて植えたのは失敗。生育旺盛なゴーヤーにキュウリが負けました。
2 「あっ、人間が来たぞ」。カエルは脚が長いんですね。
3 自分で育てた初めてのキュウリ！

てことか……。いらぬ皮算用をして、軽いめまいに襲われる。私は、のんきにぶら下がっているキュウリをにらみつけ、心底願った。

「神様、どうかこれをメロンに変えてください」

そして、何本かは見なかったことにして、収穫せずに家に帰ったのだ。


「これ見てよ。大変なことになってるぞ」

数日後、畑のウリ棚の前で、夫が笑っている。どうせまたキュウリが増えているんだろうと歩み寄った私は、その光景に唖然とした。

「何これ?」

メロンが、いや、小ぶりなヘチマが何本も、だら～んと揺れていたのだ。いやいや、ヘチマじゃないぞ。

「これってキュウリなの?」

「残しておいてたやつが、育っちゃったんだよ」

直径は5センチ以上、長さは25センチを軽く超えている。1本とって持ってみると、

「重いっ! キュウリって、こんなポテンシャル秘めてるんだ!?」

私はおかしくて、久しぶりにキュウリの収穫を楽しんだ。

「こんなに育つなら、農家も大きなキュウリを売ればいいのに。たくさん買わせるために、わざと小さいのを収穫してるんじゃないの」

帰宅後、その巨大キュウリを切った私は、キュウリ農家に心から詫びた。中にタネができていたのだ。未熟なタネだが、口に当たって食べられたもんじゃない。農家は、タネができる前のキュウリを出荷しているのだ。

ここまで育ったら、タネを取り除き、加熱して食べるしかなさそうだ。

「これをうちだけで食べるのは無理だよ」

巨大キュウリに加え、新たにできた標準サイズのキュウリまである。

「お隣にもらってもらえば？」

それはいい考えだ。私は家のお隣さんに、まともなサイズのキュウリを全部あげた。

「いいの？　うわ〜、うれしい。おいしそう！」

「おいしいですよ。さっき収穫したばかりですから」

そして、巨大キュウリは冷蔵庫に入れて、少しずつ食べた。

しかし、1週間後に畑に行くと、もう次のキュウリができている。でも冷蔵庫には巨大キュウリが残っているから、それを先に食べなくちゃならない。しかたなく、とれたまともなキュウリは、またほとんどご近所に譲った。

「これってへんだろ？　せっかく家庭菜園をしているのに、とりたての新鮮なふつうのキュウリは食べられなくて、古い巨大なキュウリばかり食べているなんて！」

大量においしくキュウリを保存する方法って、ないものだろうか。ネットで調べてい

た私は、驚くべきレシピを見つけた。

『自家製きゅうりのキューちゃんの作り方』

あの国民的漬け物が、自分で作れるというのだ。

「だったら、キュウリがたくさんとれても、ぜんぜん困らないよ。自家製キューちゃんを自家製キュウリで作るなんて、すてきすぎる！」

私は、冷蔵庫にたまっていたキュウリを全部切った。東海漬物さんには悪いが、負ける気がしない。材料は意外とシンプル。キュウリとショウガ、砂糖、しょうゆ、みりん、酢、塩だけでいいらしい。作り方も簡単で、大量のキューちゃんができあがった。ドキドキしながらひとつ口に放りこむ。

「ん？」

期待した歯ごたえと、まるで違う。

「これ、漬け物じゃなくて煮物だよね」

山盛りで出したキューちゃんに、夫が首をひねる。

「そうだよ。甘酸っぱいキュウリの煮物だよ。文句ある？」

もううんざりだ。漬け物なのに、「煮る」という工程があることに疑問は感じたが、加熱時間が長すぎたのだろうか。結局私は、そのキュウリの煮物を食べ続け、その間も、畑のキュウリは育ち続けたのである。

家庭菜園家は、キュウリがとれすぎるこの状況を、「キュウリ地獄」と呼ぶ。

1 真っすぐに育たなくてもおいしいのです。
2 加賀太きゅうりという太くなる品種を育てたこともあります。
3 大好物の韓国カボチャ。ウリ好きの私はいろいろなウリを育てます。
4 1株に200個も実るプチキューはピクルスに。

最初は大喜びだった近所の奥さんも、私がしょっちゅうキュウリをあげるもんだから、もう飽きているはずだ。それでも、笑顔で受け取ってくださる。私だったら、「メロンはないんですか?」と聞いているよ。

そんなキュウリも、盛夏の頃に元気がなくなり、あっけなく枯れてしまった。

「来年は、キュウリなんて作るもんか」と思ったが、秋が過ぎ、冬を越して春が来ると、あの香りが恋しくなる。そして翌年、また苗を植えたのだ。3つでじゅうぶんと知りながら、ついつい4つ植えてしまったのである。

そうして、実り始めたキュウリの味には、再び感動させられた。こんな快楽を味わえるなら、そのあと地獄に堕ちてもかまわない。

◉菜園の豆知識

黄色いからキュウリ

私たちが食べているキュウリは未熟な果実です。キュウリは育つと巨大になり、熟して黄色くなります。昔の日本人は黄色くなってから食べていて、「黄瓜」から「キュウリ」と呼ばれるようになったそうですよ。のちに私が取材をしたキュウリ農家では、専用の21センチの剪定ばさみを使っていました。21センチは、キュウリの出荷規格と同じ長さで、はさみを当てればキュウリの長さが測れるのだそうです。

トウモロコシの収穫目前、「なんじゃこりゃあ！」な大事件

我が畑には、夫のほかにもうひとり働き手がいる。親友の甥っ子ユウくん（当時4歳）だ。おばちゃんから私の畑の話を聞き、「ぼくにまかせて！」と意気込んでいるというので、弟子にしてやったのだ。そのユウくんが、ついに畑にやってきた。

「すっげー！　芽が出てるぞ！」

興奮して駆け回る幼稚園児に、私はさっそく指導を開始した。

「きょうはコマツナのタネをまいてもらいますよ」

じつを言うと、野菜作りはユウくんのほうが先輩だ。彼が園芸を始めたのは2歳になる前。3歳の春に野菜作りに目覚め、いまではタネや苗を見ただけで種類がわかる野菜博士だ。スーパーで傷んだ野菜を見つけようものなら、「このゴーヤー、先っぽがカビてる！　こんなの売るなら半額シールつけなくちゃ！」と大声で批判するほど、野菜に厳しい眼をもっていた。

でもこの畑では、私が師匠だ。

「これがコマツナのタネです。いまからこれをまきますよ」

「どうやんの？」

「こうです。あっ、だめ！　一度にまかないで！」

それは、泣きたくなるほど適当なタネまきだった。

「もういいよ。タネは私がまくから、水をやって」

すると彼は、バケツに土を入れ、そこに水をまいて混ぜ始めた。

「あんた、何やってんの！」

みるみる泥だらけになる息子に、母が悲鳴をあげる。結局ユウくんは、パンツ一丁でバケツの風呂に入れられ、着替えて弁当を食べたら帰っていった。

「ありがとう。戦力になったよ」

私は涙をこらえて手を振った。

「また来るね！」

「あ……うん」

帰宅後彼は、「タエちゃんの畑、ディズニーランドと同じくらい楽しい！」と言ったそうだ。うれしいよ。じゃあ次は、ディズニーランドに行ってくれ。

「ねえねえ、トウモロコシ、もう毛が生えた？」

6月末、ユウくんにそう聞かれた。収穫に来るのを、楽しみにしているのだ。

「毛が黒くなったら食べ頃なんだぜ」

ユウ君が「毛」と言ったのは、一般的に「ヒゲ」と呼ばれる部分。トウモロコシのめ

1
3 | 2

1　害獣対策にネットを巻きます。このあと2メートルの高さまで巻きました。
2　トウモロコシのめしべは、「絹糸（けんし）」と呼ばれます。
3　波打つ葉も美しい！

しべである。トウモロコシの粒と同じ数だけあり、茎の先につく雄花から花粉が落ちて受粉すると、実が太り始める。粒が太って食べ頃になると、ヒゲの色は茶褐色になり、それが収穫の目安だ。

「知ってる。ユウくんと同じで子どもだから、まだ毛は生えてないよ。でも、そろそろネットで囲んでおくね」

じつは2週間ほど前、ご近所の区画で事件が起きていた。何者かがキュウリを食べちゃったのである。

「ハクビシンだな」

「やっぱり出たね」

畑のおじさまたちは、色づき出したトマトの畝をネットで囲み始めた。

「トウモロコシはとくに狙われるから、早めに備えたほうがいいって」

お隣のO野さんのアドバイスを伝えると、「ついに来たか〜」と、夫はどこかうれしそうだった。

畑を始める前、私たちはそのあたりでハクビシンを見かけたことがあった。尾も含めると1メートルにもなる、ジャコウネコの仲間。鼻筋が白いので、すぐにそれとわかる。あんな野生動物がそばで暮らしていると思うと、なんだかうれしい。遊びに来ると期待したウサギやリスがいっこうに来ないので、この際ハクビシンでもいいや。

「人に盗まれるのはいやだけど、動物に少し食べられるくらいはかまわないよね。トウモロコシも、1本だけならお中元にあげてもいいよ」

私はそう言っていた。それでも、友人を招いて収穫祭をするからには、トウモロコシを守らなければ。ハクビシンのスペックは不明だが、夫は、早々にその畝を高さ2メートルまでネットで囲ったのである。

トウモロコシの収穫祭は、7月最後の火曜日に決まった。とりたての味は、スーパーで売られるものとはまるで別物らしい。

「あと2回寝たら、それが味わえるのね」

ワクワクしながら畑へ向かった日曜日。車で坂をのぼっていくと、

「ん？」

様子がおかしい。背の高いはずのトウモロコシが見えないのだ。慌てて駆け寄った畑を見て、私は息をのんだ。

「なんじゃこりゃあ⁉」

トウモロコシがみんな倒れていたのだ。

「なんなのこれ？　野菜泥棒？」

夫も唖然としている。地面には、皮をむしられ、すっかり粒のなくなったトウモロコシがいくつも転がっていた。いくら腹ペコでも、生のトウモロコシをここまでワイルドに食べる人間はいやしない。夫がつぶやいた。

「やられたね。ハクビシンだよ」

ショックで言葉が出ない。松田優作じゃないが、人間あんまり驚くと、「なんじゃこりゃあ」以外、言えないのだ。

「どこから入ったのかな？　ネットを開けた形跡はないのに」

いつだって冷静な夫は、鑑識のように事件現場を調べて回った。そしてまもなく、侵入経路を発見した。

「ああ、下からもぐったんだね。それにしてもひどいな。1頭の仕業じゃないよ、これは」

私たちのほかにも「あのトウモロコシ、そろそろ食べ頃ね」と楽しみにしていた家族がいたのか。

「動物に食べられるのはかまわないなんて、誰が言ったんだっけ？」

夫の言葉に、私は急に怒りがこみ上げた。

「私じゃないよ！　だいいち、あんたのネットの張り方があまかったんだろ！」

「はぁ？　ぼくのせいですか？」

私たちはお互いをののしりながら、生存しているトウモロコシを捜した。ネットの中は、湿気でムッとし、不気味な雰囲気が漂っている。おそらくトウモロコシの地縛霊だろう。

結果、なんとか助かった株は、わずか8本だった。

右　残さず食べてくれて、ありがとう。
左　私が好んで育てるのは「ピクニックコーン」という品種です。収穫したてのトウモロコシは、ほんとうにおいしいですよ！

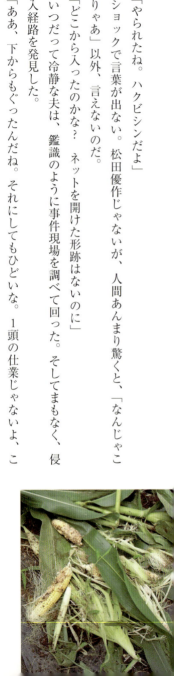

「悪いから、これくらいは残してやろうっていう、ハクビシンのお情けかね」

夫はつぶやき、私に尋ねた。

「収穫祭、どうするの？」

「やるさ！　意地でもやってやる！　害獣め、このままですむと思うなよ。猟銃の資格をとってやるからな！」


2日後、ユウくんがやってきた。ハクビシン事件はとっくに耳に入っている。

「ごめんね。こんなことになっちゃって」

「いいけどさ。なんでネットを巻いておかなかったの？」

「巻いたんだよ。でも下からもぐったみたいで……」

ユウくんは、ハクビシンが残したトウモロコシに跳びつくと、バキバキともぎ始めた。

「もうちょっとゆっくり、ありがたくとってよ～」

そんな私をよそに、彼はもぎたてのトウモロコシを天に掲げた。

「農家のトウモロコシみたいだー！」

泣かせることを言ってくれるじゃないの。実際には、虫がいたり粒が揃っていなかったり、農家と同じとは言えなかったけれど、それでもかじってみたら、生でも甘い感動の味だった。

じつはトウモロコシ、第2弾のタネもまいてある。30センチほどに育ったそれを見て、ユウくんが言った。

「これはもう大きくならないと思うよ」

「なんで？」

「トウモロコシの時季は、もう終わりだからさ」

私はうなだれた。

「でもまあ、やってみれば？　だけど、ネットはきちんと巻きなよ。またハクビシンに食われちゃうからさ」

◉菜園の豆知識
トウモロコシは鮮度が命
トウモロコシは、「お湯を沸かしてからとりに行け」と言うほど、鮮度で味が変わります。おいしく収穫できる時期も2～3日ほど。タイミングを逃すと味が落ちるため、受粉からの日数やヒゲの色を見て、収穫日を見極めます。
ひとつの株に数本つきますが、養分を集中させて甘くするために、残すのはわずか1本。あとは若いうちに間引きます。間引いたものは、ベビーコーンとして、おいしく食べられますよ。

義母へのマウンティング中、驚きで言葉を失った

家庭菜園を始めるまで、私は夫の実家訪問に、あまり気が乗らなかった。そこは長野県。南青山や代官山ならともかく、あるのはほんとの山ばかりで、新宿伊勢丹も二子玉川高島屋もない。夫の子ども時代の話も親類縁者の近況も、さほど興味がないのである。

ところが畑を始めたとたん、私は急に田舎通いが楽しくなった。実家に着くと、挨拶もそこそこに義母の畑に飛んでいく。

夫の母は野菜作りの大先輩。自宅の敷地に菜園をもち、家族のためにクワを振っていた。私たちが家庭菜園を始めたと聞き、誰より喜んでくれたのは彼女だった。

「どう、私の畑は？」

あとから来た義母が、笑いながら聞く。私の畑は、畝と通路がくっきり分かれているが、義母の畑はその境が緩やかだ。あちこちに咲く花が野菜を引き立てている。私もこんな畑にしたいのだが、悔しいので顔には出さない。

「やっとトウモロコシができたの。タエちゃんの畑は、もう収穫した？」

「はい。大豊作でしたよ。ほっぺが落ちるほどうまかったです」

1 | 3 2

1 夫の故郷はこんなところです。

2 私の嫉妬心をかきたてた、義母の輝くトマト。

3 そのトマトは、軒下で雨をよけて育てられていました。

落ちたのはハクビシンのほっぺだが、それは黙っておこう。

「最近はトマトがよくとれてね」

「うちだって、食べきれないほどとれますよ」とマウンティングしてから、どれどれとトマトの畝に目をやった私は、驚きで言葉を失った。

（このトマト、なんでこんなにピカピカなの⁉）

動揺を隠しながら手を伸ばし、ひとつつまんで角度を変えてみた。

（光線の具合じゃないぞ。こいつ、自分で輝いてる⁉）

「おいしそうでしょ？　そこはちょうど屋根があるからね。トマトは雨に当たるとよくないから」

義母の畑は、敷地内にある別棟の庭だ。トマトはその軒下に植わっていた。トマトは雨が苦手だが、でも雨に当たらないだけで、この輝きが出るとは思えない。

「なんでこんなに光ってるんですか？」

こらえきれず、義母に尋ねた。

「なんでかね？　わかんないわ」

くっそ〜。嫁には教えないつもりか。もしや長野には、「トマトピカ〜ル」なんて肥料があるのだろうか。

「肥料は何をやってるんですか？」

「ふつうのよ。ＪＡで売ってるやつ」

しらをきるつもりだな。よーし、自分でつきとめてやる。私は義母が母屋へ戻るのを待って、納屋からスコップを持ち出し、畑の脇につきさした。持ち上げた土は、驚くほどフカフカだ。大量のミミズが顔を出し、掘れば掘るほどわいてくる。

（きっとミミズが土を肥やし、トマトを輝かせているんだ！）

私はしゃがみこむと、のたくるミミズをかき集めた。

（こいつらを３００匹くらい持ち帰って畑にまけば、あの粘土質の土もフカフカになるぞ）

そのときだ。

「何やってんの？」

ハッと顔を上げると、畑の脇で夫が仁王立ちしていた。

「べ、別に……」

慌ててミミズに土をかぶせる。

「ぜったいだめだよ」

「何が？」

「あなたが何を考えてるのか、ぼくにはわかってるんですよ」

「ちっ」

これは、あとで知ったのだが、彼女が育てていた「千果《ちか》」という品種のミニトマトは、輝きが特長だったのである。

長野へ通う楽しみのひとつは、地元のＪＡの直売所をのぞくことだ。我が家の近所のホームセンターと違い、プロの農家が使う道具が手に入る。なかでも私のお気に入りは、出荷資材コーナーだった。野菜を束ねる専用の輪ゴムやロゴ入りテープ、野菜別の専用袋も売られていて、とても楽しい。

「私もこういうのを使って、野菜を友だちに送りたいんだよね、Ｎ村さんみたいに」

隣の区画のＮ村さんは、作った野菜を家族や知人に送っている。『畑通信』まで手作りしているそうで、おじさんのくせに、やることがかわいいったら。

「あのねぇ、そういう無計画な計画は、野菜が安定供給できるようになってからにしてくださいよ」

夫があきれて言った。

「じゃあさ、野菜のあるときだけ無人直売所をやるっていうのはどうかな？『金田青果』ってロゴ入りエプロンを作って、店番しちゃうの。お金ちょろまかされると困るから」

「店番がいる時点で、無人直売所じゃないよね？」

我が夫には、遊び心というものが欠如しているのだ。

ＪＡであれこれ買い物をすませると、もう一店、別の店へ行く。「とにかくおもしろいから、行ってごらん」と義母に教えられたその店は、とある産直市場だ。

地元の野菜や農業資材だけでなく、スズムシやフナ、古道具からサル捕獲用の檻まで

2	1
4	3

1 私のトマト。盛りには、毎日摘んでも、これくらいとれます。
2 畑を彩るヒマワリ。
3 トマトを摘んでいると、おじさんすらかわいく見えますね。
4 夏のおやつは、皮をむいたトマトの自家製梅シロップ漬け。

なんでも売っているラビリンス。クマやダチョウも飼っているし、ヤギのレンタルまで行っている不思議な店だった。

「見て！　あの樽、すごくかわいい」

あるとき私はその店で、リサイクル品の青い樽を発見した。ひとつたったの300円。これは買うしかない。義母の畑で、樽に雨水をためて水やりに使っているのを見て、「私もこれをやる」と決めたばかりだった。

「おカアさんのはダサい漬け物樽だけど、私はラブリーなこの樽を使うの。きっとフランス製だよ」

ラベルを見ると、「浙江省」と書かれていた。

「見かけない樽だけど、なんの樽かな？」

中をのぞきこんだ瞬間、夫は「ぐおえっ！」と激しくむせ、樽をつき飛ばして逃げ出した。

「どうしたの？」

「く、くさい！　すげえ臭い！」

店員さんに聞くと、輸入品のフキの塩漬けが入っていたという。

「ああ、フキだ。フキの腐った臭いだ」

夫は口と鼻から汁を垂らし、苦痛にもだえている。

「何に使うつもりですか？」と店員さんが聞くので、私は自慢げにアイデアを披露した。

「畑に置いて、雨水タンクにしようと思うんです。かわいいから」

「かわいいねぇ。まあ、しっかり洗ったほうがいいですよ。塩気が残ってるから」

その日の帰り、高速道路で私たちを追い抜いていった人は、「バカじゃないの？」と思ったことだろう。うちの車だけが、すべての窓を全開にしていたからだ。腐ったフキと、夫の買った鶏糞の臭いが毒ガス並みで、窓を閉めたら死にそうだったのである。轟音と爆風にやつれて帰り着くと、私たちは畑へ直行した。そして青い樽を念入りに洗い、畑の真ん中に置いてみた。

「う〜ん、かわいい」

浙江省の樽とは思えない。どう見てもパリの樽だ。

その後数日間、うれしいことに雨が続いた。太陽が顔を出した早朝、私は週末を待ちきれず、夫をどついて畑へ向かった。ワクワクして樽をのぞくと、

「え？　何これ？　空っぽじゃん」

あんなに雨が降ったのに、5センチほどしか水がたまっていない。

「あたりまえでしょ。この樽がいっぱいになるような雨が降ったら、とっくに東京沈没ですよ」

「なんで？　おカアさんの畑の樽は、水がいっぱいだったじゃないか！」

「あれはねぇ、雨どいの下に置いてあるからなの」

「………。なんだよ、それ！」

夫は数日後、私の怒りを鎮めるため、その樽に水道の水を入れた。喜んだのは、カエルだ。放置した樽の水に、ボウフラがわいたからである。

「このままだと、蚊まで生産するはめになるよ」

「そんなこと、最初からわかってますよ。水を入れろって言ったのは、キミでしょ」

結局青い樽は早々に取り払われ、肥料入れとなった。ラブリーどころか、地味な余生を送っている。

◉菜園の豆知識
トマトは雨が苦手

トマトの原産地はアンデス地方。雨が少ない地域の植物だったので、栽培種となったいまも雨や過湿を嫌います。市販のトマトは、ハウス栽培がほとんどですが、露地栽培では、梅雨時に病気が発生しやすく、熟した実が割れてしまいます。熱心な菜園家は雨避け用の屋根を作りますが、ズボラな私のトマトは雨ざらし。丈夫で育てやすいミニトマトを選び、割れた実はソースにしています。

上「これになんの意味があるわけ?」と言いながら、夫が水道水を入れました。

左　数品種を混ぜて植えると、トマトはきれいです。

レレレのおじさんじゃあるまいし

ねじり鎌を持つ手が止まる。いつもここで悩むのだ。お隣のN村さん、反対隣のO野さんの畑との境界線である。地面に張られた、貸し農園の区画を分けるロープ。それを境に、隣の畑が草ぼうぼうだ。こちらは全部抜いたから土色だが、あちらは草だらけで緑色。どうする私？　どうすればいい？

「ついでに抜いてあげればいいじゃない」と夫が笑う。

「いやいや、二人のことだからさ、草を抜かない農法でも始めたのかもしれないじゃない」

N村さんもO野さんもベテラン菜園家だ。週末しか畑に出ない我々と違い、ほぼ毎日通勤している。

「にもかかわらず草を放っておくってことはだよ、きっと生やしておきたい理由があるんじゃないの？　肥料になるとか、根が張って土が耕されるとか」

「そんな効果あるの？」

「わかんないけど。まねしてみる？」

夫は首を振って、「雑草は全部抜いてね」と言った。畑を美しくしておかないと、気がすまないたちだ。

私は改めて隣の畑を眺めた。草の抜いてある部分もちらほらある。当面必要な場所だけ抜いたのだろう。

「しかたない、代わりに抜いてあげよう。きっと腰でも痛いんだろう」

このまま隣の草に手をつけなかったら、かえって目立ってしまう。二人とも気づいて、こう思うぞ。

「ついでに抜いてくれればいいのに。金田さんって、意外とケチだね」

ケチの評価だけは耐えられない。だいいち、この草だって、そのうちタネを飛ばしてうちの畑に攻めこんでくるのだ。よし、抜こう。

カタバミ、メヒシバ、コニシキソウ……。ロープを越えてN村農園の草を抜き始めたが、再び手が止まった。いったいどこまでやればいいのだ？　脳裏に、子ども時代のつらい記憶がよみがえる。

小学生の頃、私はこづかい稼ぎに、家の前の道を掃くのが日課だった。「ついでにお隣の前も掃くのよ」と母に命じられ、我が家の前をすませると、隣のカキヌマさんの家の前も掃いた。ところが、お隣の家の前を掃き終えたとき、その隣のサトウさんの家はどうするべきかという問題が生じたのである。

「カキヌマさんちの前は掃いたのに、うちの前はやってくれないの？」とサトウさんに恨まれでもしたら、「意外とケチね」じゃすまない。ご近所紛争の火種になりかねないぞ。

私はしぶしぶサトウさんの家の前も掃いた。幸いその先は路地だ。回れ右をして家の前まで引き返したのだが、そこで私は泣きたくなった。反対隣のイタバシさんの家はどうするんだ⁉

レレレのおじさんじゃあるまいし、結局私は、こづかい50円のために、毎日4軒の家の前を掃除していたのである。

「いやいやいや。どう考えても、N村農園すべての草を抜くことはないよ」

私は、「草取り代行はロープの向こう10センチまで」と決めた。それもタダではない。報酬として、草の根についた隣の上等な土を頂戴することにしたのだ。


草といえば、こんな悲劇も起きた。後年、私たちはトマトをアーチ仕立てで栽培した。育ったら、トマトのトンネルができると目論んだ私は、いつものように妄想した。

「トンネルの中で、昼寝やピクニックができたら最高だな。そのためには、寝転べるようにカーペットを敷かなくちゃ。芝を植えるわけにはいかないし。そうだ！」

私は夫にナイショでクローバーのタネ（大袋）を購入し、ポケットにしのばせると、夫が建てたトンネルの骨組の中に、パラリパラリと落として回った。

「何をまいてるの？」

夫が眉をひそめる。見つかっちゃあ、しかたない。どうせ生えてくればバレるしね。

2	1
4	3

1 右がN村さん、左が私の畑。これじゃ嫌味ですね。
2 畑にまいたクローバー。
3 草は、ちょっとしたすき間にすぐ生えます。これはシソの芽ですけど。
4 熟して落ちたミニトマトを放置したら、こんなことに。「永久トマト凍土になった」と嘆きながら、夫が抜いています。

「クローバーですよ」

「なんで？」

「緑肥《りょくひ》になるからですよ」

緑肥とは、田畑の土と混ぜて耕すと、肥料の役目を果たす植物だ。私の目的はあくまで敷物だが、それらしい理由をつけないと、夫に止められかねない。

「緑肥って何？」

「とにかく土にいいものだよ。それに、クローバーを植えると、雑草が生えないんだって」

私は畑じゅうを舞いながら、タネをばらまいた。

やがてトマトはぐんぐん成長した。その足元でクローバーも葉を広げ、可憐な花をつけ始めた。妄想どおりになるなんてめずらしいので、私は有頂天だ。

ところが想定外のことが起きた。トマトの実が色づいてくる頃、クローバーの花までが色づいてきたのである。

茶色く……。

花は枯れるということをすっかり忘れていた。

「気にくわん」

私ははさみを手に、はいつくばって枯れた花を切り始めた。

——チョキチョキチョキ……。チョキチョキチョキ……。

ネバーエンディングな作業に、自分がつくづくいやになる。

「このクローバー、タネをまいたの？」

突然の声に振り向くと、ご近所の区画のM島さんが立っていた。私は慌てて笑顔を作った。

「はい、クローバーが生えると雑草が生えないんですよ」

「クローバーも雑草だよ！　あはははは」

その後、クローバーは果てしなく増えた。根を伸ばし、タネを飛ばして、近所の区画にまで迷惑をかける始末で、私は10センチを越えて周りの畑を除草するはめになったのである。


さて、その後も私は隣の草取り代行を続けていたのだが、ある日、久しぶりに会ったN村さんがこう言った。

「畑にお客さんが来るんだろ？」

翌日友人を畑に招いていた私はびっくりだ。

「なんでわかったんですか？」

N村さんは、くすくす笑いながらこたえた。

「このあいだまで草だらけだったのに、きれいになってるからさ」

あのねぇ、おじさん。うちは常に除草してますよ。たまたま2週間忙しくて、来られなかっただけです。N村さんは、笑いながらさらに続けた。

「せっかく金田さんがきれいにしたのに、隣の畑が草だらけじゃ恥ずかしいだろうと思って、ぼくのほうも抜いておいたよ」

「気を遣わせちゃって、すみません」と夫が恐縮する。

どうやら師匠は、境界線を私が除草していることに、まったく気づいていないらしい。妖精か小人がやっているとでも思っているのか？

「あのぉ」

私はもったいぶって口を開いた。

「この境目の草は、私が抜いてるんですよ。N村さんの畑も、いつもついでに抜いてるんです」

「え〜、そうだったの？　ぜ〜んぜん気づかなかったよ。ありがとう！　あはははは」

しまった。口が滑った。気配りをアピールするなんて、最低だ。黙ってそっと隣の草を抜く、そんな私でいたかったのに。きっとN村さんは思ったことだろう。

「金田さんって、意外と野暮だね」

ちなみに、関東では草を抜くことを「草をむしる」と言う。関西では「草をひく」と言うそうで、関西の読者のために、あえて「草むしり」という言葉を使わなかった。

そんな気配りもアピールしておこう。

◉菜園の豆知識
緑肥になる植物
植物を、発酵させたりせずに、緑のまま土と一緒に耕して肥料にすることを、「緑肥」といいます。緑肥に向く植物には、クローバーやレンゲソウ、エンバクやトウモロコシなどがあります。春の田んぼに咲くレンゲソウは、田植え前に緑肥になるのです。
最近の私は、草をある程度生やしています。そこに生態系が生まれるので、有機農法には草も大事かと思い至りました。

左　私のトマトはトンネル仕立て。白いワンピースで駆け抜けたいのに、クモの巣が顔にかかるんですよ。

おそらくあれが地獄というものだろう

夏、私は畑に別荘を建てることにした。といっても、貸し農園に小屋を建てることは契約で禁じられている。私が建てると決めたのは、「ビーン・ティーピー」。ティーピーとは、ネイティブアメリカンの移動用住居らしい。それをインゲン豆（ビーン）で作るという、西洋生まれの菜園アイデアだ。

建て方は簡単。

①木の枝で、円錐や角錐形の骨組みを作る。

②枝の根元にインゲンの苗を植える。直接タネをまいてもよい。

③成長すると、枝につるがからみ、葉がしげり、それが壁になって豆のテントができあがる。

というわけだ。作るのは骨組みだけで、あとはインゲンまかせだから、工務店に頼むまでもない。

「夏はそこで過ごすの。昼寝したり、お茶したり、パソコンを持ちこめば、仕事だってできちゃうよ。表札もつけちゃおうかな」

私の妄想は膨らむ一方だが、夫は現実派だ。

「あのねぇ、大人が入れる床面積にするには、相当長い枝が必要だよね。だいいちそんなに高くまで育っても、豆が収穫できないでしょ」

夢のない人は無視するに限る。私はインゲンの苗作りを開始し、それが育つと、畑の一角で地鎮祭をすませた。それから、家の骨組みを探すべく、畑の脇の雑木林に落ちた枝を探しに入ったのである。

そして数十分後、小枝を手に、泣きべそで戻ってきた。

「細くて短い枝しかないんだよ！」

夫は一瞥しただけで、知らんふりだ。しかたない。建材変更だ。ホームセンターで買ってあった支柱用の細い竹で代用しよう。しかし、その竹は長さが2メートルほど。組んでみたが、床面積をとれば天井が低くなり、天井をとれば床が狭くなる。

「こんな家じゃ暮らせないよ」

「ね、ぼくの言ったとおりでしょ」

悩んだあげく、私は天井高を優先すると決めた。そして、できた骨組みの根元に、インゲンの苗を何株も植えつけたのである。

インゲンの成長は驚くほど早かった。苗は、竹の存在に気づくとすぐに巻きつき、天へ向かって伸び始めた。

「『ジャックと豆の木』みたいだな」

あの豆は、きっとインゲンに違いない。そして、あの物語の作者は、インゲンを育てたことがあるのだろう。

初めは、家の側面が透けて丸見えだった。けれど、葉が成長するにつれ壁らしくなってきて、おまけにピンクの花まで咲き始めた。そしてついにインゲンは、支柱のてっぺんを超えるまでに育ったのである。

「わーい！　別荘ができたよー！」

広さは、畳にすると半畳ほどだ。負け惜しみに聞こえるだろうが、近年は、狭小住宅が流行りなのである。そこに尻だけつっこんで体育座りをしていると、夫が言った。

「まるで屈葬だね」


インゲンは、次から次へと実った。丸いさやと平たいさやの品種を混ぜて植えたので、2種類のインゲンがぶらぶらと下がっている。見た目も楽しいが、そのインゲンがとてもおいしかった。とれたての野菜はなんでも美味だが、豆類はとりわけうまい。

こうして、食と住を両方楽しんでいたのだが、季節は夏である。トマトやキュウリなど好きな野菜がいくらでもとれる。私のインゲンへの興味は、じょじょに薄らいでいったのだ。

やがて7月の末、突然夫がキレた。

「あのさぁ、豆のテント、いいかげん撤去してもらえないかな！」

無理もない。見て見ぬふりをしてきたが、我が豆の家は、葉も豆もぼろぼろで、まる

2	1
4	3

1　インゲンの花。控えめで大好き。
2　高い場所の収穫は、夫にまかせます。
3　仲良くペアで実っています。
4　我が別荘。やがてさらに葉がしげって、壁のすき間がなくなりました。

で化け物屋敷になっていた。

「うーん、ちょっと食べられてるよね」

「食べられてるなんてお気楽な状況じゃないよね。カナブンの養殖場じゃないか!」

そうなのだ。原因はカナブンなのだ。正しくはコガネムシの仲間だが、やつらが私の別荘に勝手に入りこみ、仲間を呼んで、連日パーティーを開いているのである。

私は現実を直視することにして、豆の家の前に立ってみた。

「うーむ……」

もはやこれは豆の木ではないな。カナブンの木だ。ちょっと見ぬ間に、こんなにたくさんカナブンが実っているとは。

「恩を仇で返す」とは、このことだ。夏の日に、玄関前でひっくり返ってバタバタしているこいつらを、何度助けてやったかしれないのに。いくら虫好きの私でも、不義理は許さん。

「よし、株ごと片づけよう」

私は豆のつるをつかんで引っぱった。

「わわわっ!」

カナブンがぽろぽろと落ちる。そして地面に着地した途端、彼らは動きを止めた。下手な演技で死んだふりをしているらしい。指ではじくとすぐに足を出し、ことあろうに土の中へもぐっていく。まずい。このまま土の中で産卵でもされたら、それこそ我が畑はカナブンの養殖場だぞ。

私はジョウロをひっつかんで水道へ走り、水を半分ほど入れてきた。左手にジョウロ、右手でカナブンを2～3匹一度に捕まえると、ジョウロに放りこむ。土にもぐったやつも掘り出して、水責めの刑に処した。

「うっ……」

のぞきこんだジョウロの中の惨状は、おそらくあれが地獄というものだろう。カナブンたちは水から逃れようとほかのカナブンの体にしがみつき、自分だけが助かろうともがいていた。なかには死を決したのか、腹を浮かべて水に浮き、瞑想している者もいる。

もっと早く対処するべきだった。この地獄は、ズボラな私のせいなのだ。ごめんよ、カナブン。

「これって何か使い道はないかな？」

私は夫にジョウロをさし出した。夫は顔をそむけて中を見ようとしない。かわりに、無言で私をにらみつけた。

「あはは、ないよね。カブトムシと違って、売れないもんね」

でも実際のところ、私は、カブトムシなんかよりカナブンのほうが美しいと思うのだ。小ぶりでかわいいし、キラキラ輝いて、そりゃあタマムシには劣るけど。

「おお、そうだ！　この羽で『カナブンの厨子』でも作ったらどうかな？」

法隆寺所蔵の飛鳥時代の仏教工芸品『玉虫厨子』。あの国宝がタマムシの羽を何枚使って作ったかは知らないが、これだけカナブンがいれば、ミニチュアサイズの厨子くらいはできそうだ。

「すえは国宝だよ。私たち国宝の作者として歴史に名を残すよ」

夫はもちろん無視である。私はジョウロを手に畑から退場し、道具置き場の脇にそれを置いた。そうして合掌すると、中のカナブンにこう言い渡した。

「自力で出られるやつは出てよし!」

後日ジョウロの中がどうなったかは、皆さんの健康のために言わずにおこう。

◉菜園の豆知識
2種類のインゲン

インゲンには、「つるあり」と「つるなし」があります。豆の家に使ったのは、「つるありインゲン」。支柱に巻きつき、2メートルを超えて成長します。次々と花が咲いて豆が実るので、長い期間収穫が楽しめます。「つるなし」は、30センチほどにしか育ちませんが、収穫までが早いのが特徴。高い支柱を立てる必要もなく、プランターでも手軽に栽培できますよ。

上　駆除しちゃってごめんね、カナブン。地獄に堕ちてお詫びします。
左　夏の野菜、コリンキー。元気な黄色が目を引きます。

好き放題チューチューされてはたまらない

8月上旬、ベランダでアズキの苗作りを開始した。品種は、「丹波大納言」だ。煮ても皮が割れにくいことから、「切腹をしなくていい大納言のようだ」と、この名がついたらしい。タネのまき時は7月までだが、多少遅れても、気合いでなんとかなるだろう。

エダマメのタネはダイズだったが、アズキのタネはもちろんアズキだ。ポットにまいた大納言は、数日後には発芽し、私はあることを思いついた。

「このアズキで、契約農家になろう！」

宅配農家のように、注文を受けて野菜を人に送ってみたかったのだ。でも、タダというわけにはいかんよ。私はさっそく友人にこうもちかけた。

「『丹波大納言の会』に入会しない？　ひと口たったの100円。収穫時に、できたアズキを山分けだよ」

計画を知った夫は、あきれ果てた。

「それって、契約農家じゃなくて、アズキの先物取引だよね」

「人聞きが悪いな。お正月に手作り大納言のおしるこが食べられるんだよ。そんな贅沢を、たったの100円で味わえるんだよ」

やや強引な勧誘によるという噂もあるが、「丹波大納言の会」には4名が仮入会した。

「アズキ色の紙で会員証を作って、それと引き換えに集金しよう」

会員様を楽しませることも、契約農家の大事な仕事だ。口コミで会員が増えるかもしれないし。ところが。

「これって、きちんと育つの?」

苗を畑に運びながら、夫が聞く。畝の準備に手間取っているあいだに、大納言の苗は、なぜだかヒョロッヒョロに伸びてしまったのである。園芸用語では「徒長《とちょう》」というらしい。

「やっぱり8月のタネまきじゃ遅かったのかな……」

野菜には、それぞれ栽培適期がある。タネまきや苗の植えつけには適した期間があって、それより早すぎても遅すぎてもうまく育たないらしい。気合いじゃ、どうにもならないのだ。

とりあえず畑に植えてはみた。しかし、この先がひどく不安だ。

「早いとこ、お金を集めてしまったほうがいいな」

思わずつぶやいた私に、夫は言った。

「まるで悪徳商法だね」

大納言の結末はあとの楽しみにして、ついでに黒豆の話もしよう。後年、私は黒豆栽培に挑戦した。アズキと同じく「丹波の」黒豆だ。

別に、「丹波オシ」なわけじゃない。畑の隣のN村さんが、畝に入りきらなかった自家製の苗を、3ポット譲ってくれたのだ。

豆の栽培は、虫がつくので、やや手間がかかる。腹立たしいのがカメムシの仲間で、花が散り、さやがつくぞという段になると、そこにとりついて、チューチューと汁を吸うのだ。こうなると、さやはできない。難を逃れても、今度は膨らみ始めた豆にとりつき、チューチューとやる。

「くーっ、カメムシめ！　こんなについてる」

畑に行くたび、私はカメムシを駆除した。幸い、カメムシは嫌いじゃない。変態じみているので隠しているが、思い切って告白しよう。私はカメムシの臭いが好きなのだ。独特の清涼感がクセになるとでも言おうか。だから、駆除も苦にならない。素手でつまんで地面に落とし、長靴で踏みつけては、「あーうー」と香りに酔いしれていた。

しかし、カメムシは飛んでくる。週に一度駆除したくらいじゃ、追いつかない。黒豆も、好き放題チューチューされ、私は半ばあきらめていた。しかし、どうにか息を吹き返し、わずかながら、できたさやが太ってきたのである。

するとある日、農園仲間のM島さんがこう言い出したのだ。

「早く黒くならないかな。お正月に手作りの黒豆が食べられるなんて、贅沢だなぁ」

1｜3｜2

1　ヒョロヒョロになってしまった大納言の苗。
2と3　いやな予感の結末は、本文の続きをお読みください。

「テレビで見たんだけどさ、黒豆って、最初は緑で、そのあとわずかな期間だけピンクになるんだって。それから黒くなるんだってよ」

「へ〜」

「そのピンクの時期が、最高にうまいらしいよ。炊き込みごはんにするといいんだって。ちょっと1粒、見てみなよ」

それは興味深い。私は貴重なさやをひとつもいで、開いてみた。

「見ろ、ピンクだ！」

M島さんは私からその豆を奪うと、口に放りこんだ。

「………」

かみしめるうちに、口角が上がっていく。

「うまいっ！」

「ほんと？」

「食べようよ。いま食べたほうがいい。煮豆よりずっとうまい！　少しちょうだい」

「だめです。正月用なんだから」

ただでさえ少ないのだ。欲しければ、本家のN村さんの畑に売るほどあるよ。

「え〜。うまいのになぁ」

ぶつぶつ言っているM島さんから逃れると、私はほかの作業を始めた。しかし、ピンクの黒豆の話が、どうにも頭から離れない。

（たしかに、おせちの黒豆ならお店で買えるよ。けど、ピンクの黒豆ごはんは、よそじゃ食べられないぞ）

私は立ち上がった。

「決めた、ピンクの黒豆を食べる！」

M島さんは小躍りしたが、私が手渡したさやの数を見るなり、顔をしかめた。

「これっぽっちじゃ、炊き込みごはんに足りないよ」

「がまんしてくださいよ。数が少ないんですから。それをはんぶんこしてるんですからね」

その晩私はワクワクしながら、ピンクの黒豆を米にのせて炊きこんだ。ふだんから土鍋炊きだが、ふたをとる期待感がいつも以上に膨らむ。

「いくよ。じゃ～ん！」

ふたを上げると、湯気の奥から現れたごはんに、私はギョッとした。

「何これ？　食えるの？　呪われてるみたいな色だよ」

夫は腰が引けている。ピンクの黒豆は妙な色に変わり果て、新米までをまずそうな色に染めちゃったのだ。

「味はいいはずだよ。目を閉じて、ピンクを思い描こう」

ひと口ほおばると、無言でかみしめ、ごくりと飲みこんだ。

「たしかにおいしいね。でも……」と私。

「エダマメごはんと大差ないな」と夫。

翌週会ったM島さんも、この件にはふれなかった。きっと私たちと同意見だったのだろう。

さて。丹波大納言の結末である。

貧相な苗は、その後どうにかもち直した。しかし、やはりカメムシのチューチューには勝てなかった。ビギナーだった私は敵をあまく見て、気づいたときは後の祭り。アズキの風呂で溺れるはずが、とれたのはたったの28粒。会員様おひとりにつき7粒という、無様な結果となった。しかもその28粒はシワシワで艶もなく、大納言どころか少納言にもなれない、ひどいアズキだったのだ。

そんなものを配れるわけがない。私は会員様に頭を下げて回り、ほかの野菜でご勘弁願ったのである。

数年後、私はアズキに再挑戦したが、またも似たような結果に終わった。土が悪いのか、腕が悪いのか、はたまたその両方か。ともかく私は、次の教訓を得た。

①アズキの無農薬栽培は（私には）困難。

②買ったほうが楽。

それでもいまだに、アズキでひと山儲けたい、いや、契約農家になりたいという夢は、捨てきれずにいる。

◉菜園の豆知識

防虫ネット

害虫対策には、防虫ネットが効果的。目の細かい網をトンネル状にして畝にかぶせると、虫の侵入を防ぐことができます。アズキの失敗の一因はこれを使わなかったことで、黒豆の失敗は、これを外すタイミングを誤ったことでした。私は、景観上このネットが好きになれず、すぐに外してしまうのですが、きちんとかけておけば野菜を守ることができます。冬の寒さ避けにも使える便利な道具です。

左　こんなアズキじゃ、会員様に訴えられますね。

そんな薄情なこと、できやしない

農園に秋が来た。焚き火の煙が、あっちに揺れたり、こっちに揺れたり。夫はしゃがんだまま、もう長いこと火を見つめている。

(ぼくの人生、これでよかったのかな……)とでも思っているのだろうか。それにしても、なんという心地よさ。畑で焚き火ができるなんて、思ってもいなかった。

事の始まりは、8月も半ばを過ぎた頃。農園のおじさんたちのなかに、夏野菜の処分を始める人が出てきた。まだ青々としている株を、根っこから引き抜いている。

「どうして抜いちゃうの?」

N村さんに聞くと、こう教えてくれた。

「いつまでも夏野菜にしがみついてちゃだめだよ。さっさと秋冬野菜の準備を始めなくちゃ」

「え~。でもまだ収穫できるじゃない」

野菜作りの教科書にも、たしかに書かれている。

「8月は菜園の衣替えの時期です。『まだ収穫できるかも』と株の処分を引き延ばしてしまうと、秋冬野菜の栽培スタートが遅れてしまいます」

「そんなこと言われたって……」

私は9月に入っても夏野菜を処分できずにいた。

思えば、夏野菜はよくとれた。ピーマンは1本の株に30個以上実ったし、キュウリは3年分くらいをひと夏で食べた。トウモロコシは、ハクビシンの腹まで満たすほど収穫できたし、ナスもトマトもオクラも大いにとれて、気づけばほとんど野菜を買っていない。

「野菜作りって、思ったより簡単だね」

「ビギナーズラックかな」

夫とそんな会話をした夏も、そろそろ終わりだ。トマトもピーマンも、たしかに勢いがなくなった。

「でもまだ実がついてるし、次の花も咲いてるよ。それを引き抜いて、別の野菜に替えるなんて……」

そんな薄情なこと、できやしない。

「ずっと自分に尽くしてくれた男を、腹が出てきたっていうだけで、若い男に乗り換えるようなもんだよ」

そう言うと、腹の出てきた夫を振り返った。

「そうでしょ？　若い女になんて、乗り換えられないよね？」

「あ……。うん」

なんなんだ、そのしぶしぶの返事は。

そんなある日。草とりをしていた私の鼻を、懐かしい匂いがくすぐったのだ。

立ち上がって見回すと、農園の奥のほうで、のろしが上がっている。焼畑……のわけがない。

「焚き火やってる！」

夫も目を上げた。

「ほんとだ。処分した野菜の株を、燃やしているんだね。灰は肥料になるし、一石二鳥だ」

この瞬間私は決めた。腹の出た古い男は、引き抜いて燃やしてしまおう。焚き火がしたい！

私は、その日のうちに夏野菜を土から抜いた。

「早く燃やしてよ」と、夫をせかす。

私たちの農園は農家の土地。一帯には住宅がなく、田畑ばかりだ。役所にも確認したが、農作業で出た野菜くずは、軽微なら燃やしてもいいという。

「抜いてすぐに燃えるわけがないでしょ。乾かさなくちゃ」

残念だが、もっともだ。そこで1週間待つと、夫は野菜くずの山にライターをすった。

ところが、何度すっても、いっこうに火がつかない。

「何やってんの？　早くして」

2	1
4	3

1　カマキリは、表情があってかわいいのです。
2　色づく前のパプリカ。
3　膨らみ始めたN村さんのカボチャ。カボチャは地面をはいますが、ネットを添えて宙に上げると省スペースになります。
4　ショウガがとれました。よい香りをお届けしたい！

私は夫をなじった。断言しよう。男の評価は、火おこしのうまさで決まる。

「ぼくのせいじゃない。野菜が半ナマだからだよ」

そうぼやくと、夫は野菜くずの山を引っかき回した。

「ほら見ろ。トマトが丸ごと入ってる。これじゃあ燃えるわけないよ」

ぶつぶつ言いながら駐車場へ行き、何やら小さな紙を持ってきた。

「何それ？」

「ゴルフのスコアカードですよ」

車に積んだゴルフバッグから、出してきたらしい。

「ぼくの大事な思い出です。これを焚きつけにします」

「よし、点火！」

おお、燃えるぞ、燃えるぞ。パー5を11打もたたいた悲しい思い出が。私は童謡『たきび』を歌って応援した。ところが、炎はカードを灰にしただけで、さっさと消えてしまったのだ。

「なんなの、これ。がっかりだよ」

「火おこしはねぇ、簡単じゃないんですよ」

そんなわけない。スコアのひどさに火も萎えたんだろう。

こうして私たちは、ご近所さんからひと月遅れで、やっと秋冬野菜の準備を始めた。

家庭菜園は、春夏と秋冬とで、二度大きく姿を変える。秋冬に育てるのは、ダイコン、カブ、ブロッコリー、ハクサイ、キャベツ、シュンギク、コマツナ、ホウレンソウなどだ。

夏から畑に残っているのは、ピーマン、サトイモ、サツマイモなど。イモは10~11月の収穫待ち。晩秋に植えるのは、タマネギやエンドウ、イチゴなどで、これは冬越しをさせて春の収穫を待つ。

新たな栽培に向けて土を肥やすのは夫にまかせ、タネまき準備が整うまで、私はカマキリと遊ぶことにした。

幼い頃から小さな生き物が大好きだ。畑を始めて何が楽しいって、人目を気にせず、虫やカエルと遊べることだった。四十路女が道にしゃがんでアリを見ていたら怖いけれど、畑ならば、思う存分それができる。

「相変わらず威勢がいいねぇ」

人間にもひるまずファイティングポーズをとるカマキリは、ことにお気に入りだ。首を曲げてこちらを見るしぐさが、かわいくてたまらない。おまけに、害虫を食べてくれるありがたい働き手でもある。春に生まれた頃は1センチほどだが、秋には大きく育っている。卵を産む場所がなくならないように、ハーブやお花のエリアは片づけないでおこう。

そう思っていたら、土を掘り返していた夫が突然叫んだ。

「ワオ！　すごいぞ！」

夫が掘り出したのは、金色のコオロギだった。いや違う。

「オケラだ！」

二人とも大興奮だ。最後にオケラと遊んだのは、30年以上前になる。

「田んぼだけだと思ってたけど、畑にもいるんだねぇ」

私はカマキリを放すと、さっそくオケラを捕獲し、そのお尻を優しくつまんだ。

「あ〜懐かしい。この感触」

幸せで涙がこぼれそうだ。幼い頃、祖母の田んぼでオケラを見つけるたび、こうして遊んだのだ。久しぶりに歌っちゃうぞ。

「♪オケラさん、オケラさん、私のお尻はどれくらい〜？」

お尻を挟まれたオケラは、前脚をパタパタ広げて、「これくらいです」とこたえる。

「小さくてかわいい、モモのようなお尻ですか？　さすがオケラさん、なんでもよくご存知だ。ついでにもうひとつ聞いちゃおう。♪オケラさん、オケラさん、オットの器はどれくらい〜？」

お尻を持つ手を緩めると、オケラは口元に手をすぼめた。

「すごく小さい？　私もそうじゃないかと思ってたんですよ」

夫は、私の一人芝居をいやな顔で見ていたが、それでも久しぶりに見たオケラには、目を細めていた。

幼なじみのオケラに会えました。土を掘っていると、ときどき出てくるかわいい虫です。

「畑始めて、よかったね」

ときどき、しみじみ優しいことを言う。

「うん」

陽の傾き出した畑で、私は心ゆくまでオケラのお尻をつまんでいた。

◉菜園の豆知識
カマキリは畑の益虫
畑には、野菜を食べる害虫だけでなく、その害虫を食べてくれる虫もいます。カマキリやテントウムシなどです。テントウムシには草食と肉食の種類がいて、肉食のナナホシテントウやナミテントウなどはアブラムシを食べてくれるありがたい虫。だから決して駆除しません。
クモも、害虫を食べてくれる大事な働き手。私の畑では、邪魔にならない限り、クモの巣もそのままにしています。

上　焚き火を前にすると、なぜ人はこうなるのでしょう。とくに中年男性は……。

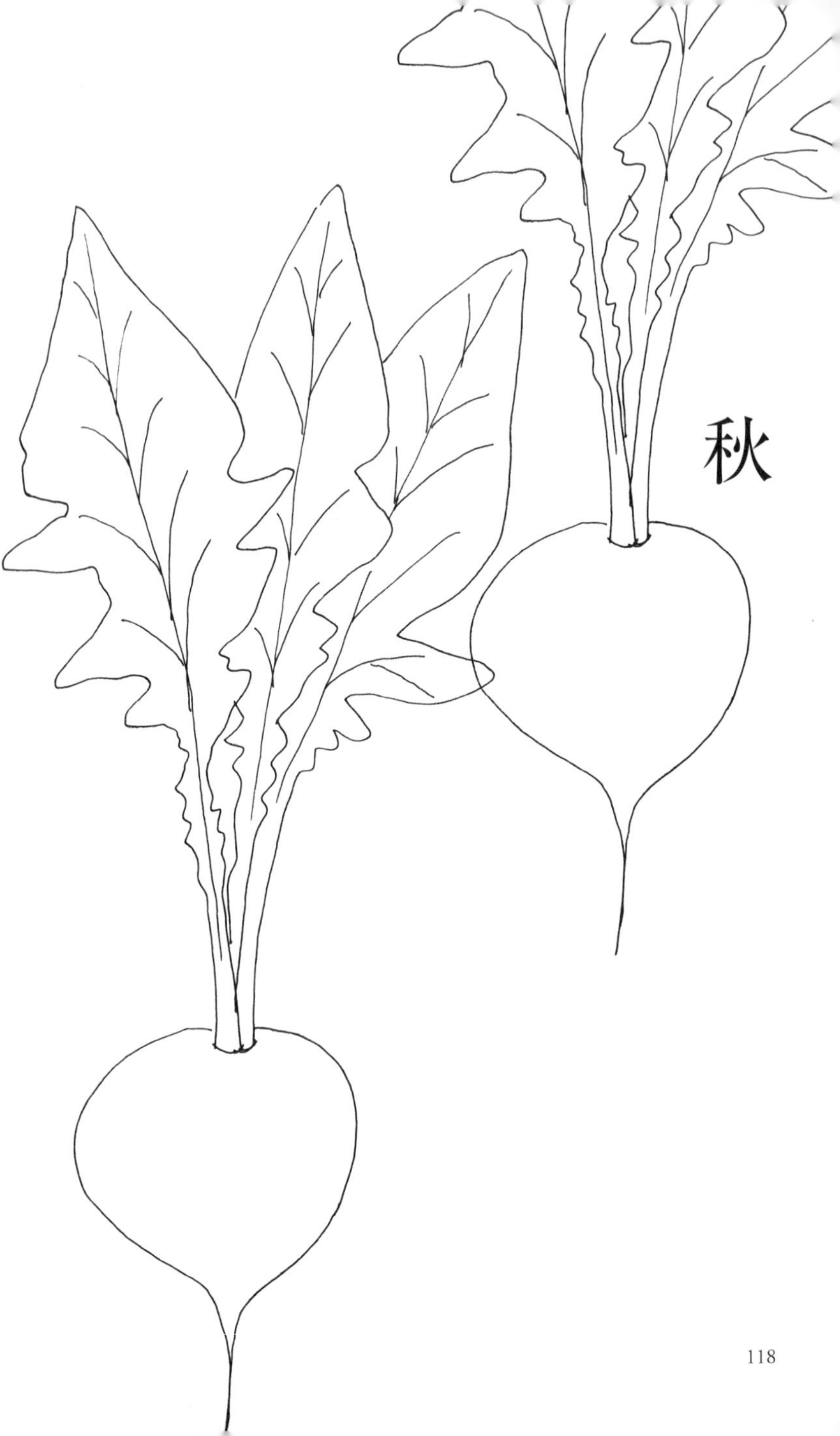

秋

三国志好きな男と話すのは、ほんとうにつらい

いい天気だ。これから台風が来るなんて信じられないほど、空は晴れ渡っている。

昼過ぎには風が強まると聞き、私たちは早朝から畑に出ていた。嵐に負けないように、野菜たちの守りを固めるためだ。

「トンボがずいぶん増えたねぇ」

近くの田んぼで育ったトンボが、農園の空でも遊んでいる。

古来、日本ではトンボを「秋津」と言い、日本は「秋津島」と呼ばれたそうだ。なんでも、神武天皇が山から国を見下ろして、「秋津が交尾しているような形だな」と言ったことに由来するらしい。

日本地図をどうひっくり返せばトンボの交尾に見えるのか、その発想にはついていけないが、秋の田畑にこの虫が群れ飛ぶ様は、昔から変わらぬ秋津島の原風景だろう。

「トンボって、天気予報なんかなくても、台風が来るってわかるんだろうね」

彼らのホバリングに見とれて言うと、夫も目を上げた。

「きっとね。きょうは羽根が重いから雨が近いな、とか感じるんじゃない？」

トンボはどこかで嵐をやり過ごすのだろうが、植物には逃げ場がない。だから菜園家

は、大事な野菜に被害がないよう、事前に手当てをする。

「N村さんは、きのうのうちにすませたみたいだね」

夫は、隣の畑を横目に、キャベツの苗にかけた防虫ネットが風で飛ばないように点検している。私は、ピーマンに支柱を増設し、あっちもこっちも何か所もビニールテープで縛りつけた。

「うーむ、まだ心配だ」

ピーマンは、うまくいけば1株で100個以上も実がなるらしい。まだまだ働いてもらわないと困るのだ。

「ぜったい倒れないようにしなくちゃ」

立ち上がって畝を見ていると、最良の策がひらめいた。畝に並ぶピーマンの支柱を全部つないで、一体化すればいいじゃないか。すごいぞ、私！　天才だ！

さっそくビニールテープを長く引っぱり出し、1株目の支柱に結ぶと、隣の株の支柱にも結んでいく。鼻唄まじりに夢中で作業していると、

「ねえねえ」

知らぬ間に、夫が背後に立っていた。

「ん？　何かな？」

私の名案に感心しているんだね？　そうなんだろう？

「あのねぇ、そーそーはね」

左　秋風が吹き始めると、畑にたくさんトンボがやってきます。

「そーそー？　なんだい、それ？」

私は笑顔で夫を仰いだ。

「曹操だよ、三国志の。知ってる？　曹操はね、赤壁の戦いのときにね、船をみんなつないで一体化しちゃったんだよ。それで、ひとつに火がついたら、ぜ～んぶ燃えちゃったんだよね」

セキヘキの戦いなんて聞いたこともないが、明らかに私のピーマン倒壊防止策を批判しているのだ。「そんなことをすると、1本倒れたら共倒れだよ」と言えばすむものを、わざわざ三国志を引き合いに出すなんて。

故事に例えて非難されると、私は反論できなくなる。顔を真っ赤にして「ううっ」と唸り、やっと言い返せたのはこのひと言だけだった。

「うるさーい！　黙れっ！」

結局ピーマンたちは、夫の策により、電車ごっこをするように紐で囲まれることになったのだ。


「台風大丈夫？　畑を見に行っちゃだめだよ。危ないから」

その夜、弟が電話をくれた。心優しい我が弟は、台風や地震の際に私の安否確認をしてくれる。

「うん。それより聞いてよ」

私は、今朝の腹立たしい話を彼にして聞かせた。

「――そしたらオットのやつ、三国志のナントカが船をまとめたら一気に燃えたって言ったんだよ。ひどくない？　それでピーマンはさ……」

「レンカンノケイですね」

「は？」

「それは『連環の計』といいましてね。曹操の敵方が考えた策で……」

しまった。

うっかりしていたが、弟も三国志が好きなのだ。何しろ弟の名前は、三国志マニアの父によって、三国志の登場人物からつけられている。父が得意げにその話をしたとき、私は自分の名が「劉備」じゃなくてよかったと、心底ほっとしたものだ。

弟の話はまだ止まらない。私のように三国志を知らない人のために説明しよう。三国志ファンには怒られそうな要約だが、興味のない人間からすればこの程度のものだ。

――昔々、中国の赤壁というところで戦いがあった。曹操さんvs劉備さんと孫権さんである。

劉備さんたちは、曹操さんの軍を火攻めでやっつけようと思ったが、船が川のあちこちにあるもんだから、全部の船を一度に燃やすことが難しい。そこで、曹操さんのもとに、ひとりのスパイを送った。

ナントカいう難しい名前のスパイさんは、兵士がみんな船酔いでゲーゲーしているのを見て、曹操さんにアドバイスをした。

「鎖でつなげば、船が揺れなくなりますよ」

「そりゃあナイスなアイデアだね」

曹操さんは船を全部つないでしまった。こうして船が逃げられなくなったところで、劉備さんたちは火を放ったのである。——

「それで結局、曹操軍の船は全部燃えちゃったというわけですよ」

「あのさぁ」

なんで船酔いする人たちが船で戦ってるの？　とは聞きたかった。けれど、それをふったらまた話が長引く。私がしたいのは三国志の話なんかじゃないのだ。

「ピーマンだよ。私はピーマンの話をしてるんだよ！」

ちなみに、「連環」とは、船を鎖でつなげたという意味ではない。いくつかの兵法を連続して用いたという意味らしいが、そんなことは、それこそどうでもいい話なのだ。

外は風が吹き荒れ、雨がたたきつけている。夫はまだ帰らない。心配だ。

夫のことではない。畑の野菜が心配なのだ。私は何度もベランダへ出ては、激しい風雨に当たって野菜の気持ちになってみた。結果はこうだ。

「風がつらいし、雨は痛いし、誰かに助けてほしいよ」

そうだよね。つらいよね。私が助けてあげる。夫が帰ったら、畑に連れていってもら

電車ごっこのようになったピーマンと甘トウガラシの皆さん。台風を乗り切ってほしいです。

おう。いや、待っていられないぞ。

いまならよくわかる。台風の最中に「田んぼを見てくる」と言って出かけてしまう農家のおじいさんの気持ちが。暴風に揺さぶられ、豪雨に打たれている稲や野菜を想像すると、いてもたってもいられないのだ。

農家にとって作物は、手塩にかけた収入源だ。だめになってしまったら、翌年までやり直しがきかない。「危険とわかっているのに」と笑う前に、彼らが守ろうとしているのは私たちの食料だということも、考えるべきなのだ。

プロの農家と家庭菜園じゃ規模も目的も違う。でも、野菜愛は負けていない。

夫の基礎工事がなっていなくて、ウリ棚が倒壊。損害賠償を求めたいくらいです。

「大丈夫。きちんと備えてきたぞ」

私は必死に自分を抑えた。だって、こんなニュースになったら、それこそ笑い者だ。

「家庭菜園家の金田 妙さんが、昨晩暴風雨のなか、『畑を見てくる』と書置きを残して出かけたきり行方不明です。警察が行方を捜しています」


台風一過。澄み渡った秋空の下、早朝の畑にはきのう以上に菜園家の姿がある。

「すごかったね、きのうの台風」

「大丈夫でした、畑？」

「オクラが倒れちゃったけど、あとはどうにかかね」

ここにいる誰もが、私と同じように心配しながら夜を過ごしたのだろう。

我が畑では、ゴーヤーがウリ棚ごと倒れ、サトイモの葉はぼろぼろ、土が流れたせいでショウガの根はむき出しになってしまった。けれど、ピーマンは無傷で、何事もなかったかのように立っていた。

「ぼくの策のおかげで、ピーマンは助かったね」と、夫がニヤニヤ笑う。

こういう嫌味な人間をこらしめる三国志伝説はないものかと思うが、あまりに畑がさわやかで、腹を立てるのも忘れてしまう。

昨晩はどこにいたのか、きょうのトンボはいつも以上に輝いて見える。トンボの島の秋も、いよいよ本番だ。

男は全貌が見たいのだ

10月も半ばのある日。畑に着くと、不思議な光景が目に入った。向かいの区画のミスターBが、何やら野菜の葉に頭をつっこんでいたのだ。

「どうかしたんですか?」

夫が、脇で見ていたお隣のN村さんに尋ねた。

「さっきからゴボウを収穫しようとしているんだけどね。ぜんぜん抜けないんだよ」

ミスターBは、ゴボウの根元の土をかき出すために、葉に頭をつっこんでいたようだ。そもそも、イギリス人がゴボウを育てていること自体不思議なのだが、それはこの際おいておこう。

「ゴボウ抜きっていうくらいだし、すぽっと簡単に抜けるもんじゃないの?」

私が聞くと、N村さんは首を振った。

「ぼくも以前、大変だったんだ。ゴボウが育ちすぎて根が枝分かれしちゃったせいで、竪穴を掘っていくと又根にぶつかってさ」

又根とは、根菜が真っすぐ育たず、複数の股に分かれてしまうことだという。

「今度はそこから横穴を掘ってさ。又根なんか切り捨ててもよかったんだけど、やっぱり無傷で出したいじゃない？　全部掘り出すまで1時間以上かかったんだよ。1メートルもある滝野川ゴボウを作ったときは、もっと大変でさ。まずゴボウの横に深い穴を掘って、そこに腰までつかってさ……」

N村さんの武勇伝『ゴボウと私』は、いつか自費出版してもらうとして、要するに「ゴボウ抜き」という言葉は、ゴボウを抜いたことのない人間がイメージで作ったのではないかというのである。

「もう無理っ！」

ミスターBは、ついに音を上げた。頭を下にしていたせいで、顔が真っ赤だ。潤んだ瞳で夫を見つめる。

「ぼくはもうおじさんだから、この作業はつらいよ。手伝ってくれ」

夫もおじさんだが、ミスターBよりは若い。さっそく葉の根元をひとまとめにして、引っぱった。

「うっ……！」

しかしゴボウはびくともしない。

「ほんとにだめだ。ぜんぜん抜けない」

夫は、ミスターBが掘った根元をさらに掘り進めた。夫が土をかき出し、ミスターBが葉を持って引き抜こうという作戦だ。

「がんばれ、おじさん。抜け抜けゴボウ！」

私は日英同盟に声援を送った。いったいどんな魔物が潜んでいるのだろう。

「もっと掘れ、もっと！」とミスターB。

「頭が出た！」と夫。

「いいぞ、そのまま抜け！」

「うううっ！」

「まだだめか。どうなってんだ、このヤロウ」

それから二人は30分もゴボウと闘い続けた。見ているこっちは、とっくに飽きている。

「食べられればいいんだから、そのへんで折っちゃいなよ」

私がそう言いかけたとき、

「出たっ！」

ついにゴボウが産声を上げたのだ。

それは驚くほど巨大……じゃなくて、小さなゴボウだった。店で売っているサイズの3分の1しかない。

「ゴメンね、大騒ぎしちゃって」と、ゴボウも恥ずかしそうだ。

私はふき出しそうになったが、必死にこらえた。だってそこには、汗だくのおじさんが二人、満面の笑みでお互いをたたえ合っていたんだもの。

「よくやったな。きみはグレイトだよ」

「あなたもですよ、ミスターB」

右　ゴボウ抜きに必死になるおじさん二人。とれたゴボウはこのサイズでした。

まったくわからん。いったいどのへんがグレイトなんですか？

「ナガイモ掘りはもっと大変だよ」

そう言うN村さんに誘われて、ある冬の日、私たち夫婦は、長靴持参でN村さんのもうひとつの畑を訪れたことがある。当時N村さんは、自宅近くにも小さな畑を借りていて、そこでナガイモを育てていたのだ。

畑には、N村さんが掘ったという大きな穴があいていた。中に入ってしゃがむと、外から見えなくなるほどの深さだ。N村さんはその穴へ降りると、「じゃあ説明するね」と、講義を始めた。ナガイモ掘りには、注意事項があるという。

「地上近くにイモの先端を見つけたら、地下へ向かって、イモの両脇の土を少しずつ小さなスコップで削り落とすんだよ。イモが見えたら、手を使ってね。スコップがちょっとかすっただけでも、イモが傷ついちゃうからね」

「わかりました。やってみます」

夫はうなずくと、N村さんと入れ替わりで穴に入り、膝を折った。

「あんた、まるで狙撃兵だよ」

塹壕から頭だけ出した夫を見て、私は爆笑した。

「そのキャップ、狙ったわけ？」

「何が？」

◉菜園の豆知識
ゴボウは3種類

ゴボウはキク科。「長ゴボウ」と「ミニゴボウ」、若い葉と茎を食べる「葉ゴボウ」に大きく分かれます。「滝野川ゴボウ」は長さ1メートルにもなりますが、「サラダむすめ」という品種は45センチほどです。ミスターBのゴボウは、ミニゴボウだったのかもしれません。

ゴボウはタネから育てます。土は深くまで耕すのがコツ。空の堆肥袋に土を入れ、その中で作ると、掘る手間が省けます。

キョトンとしている夫の帽子には、英語で「スナイパー」と書いてあった。

N村さんの言うとおり、ナガイモ掘りは、ゴボウ以上に過酷だった。

「あーだめだめ。もっと優しく！　もっと優しく！」

N村さんは、穴の上から夫に厳しく指導する。

「はい、すみません」

まるで遺跡の発掘だ。どっちに、どこまで伸びているかわからないイモの行方を探り、周囲の土を丁寧にそぎ落としていく。そうして足元に土がたまると、夫はそれをスコップですくって穴の外へ出した。

「ねえ、そんなに深く掘って、何か出てこないの？」

私は不安になってきた。

「何かって、何が？」

視線はイモからそらさずに、夫が聞く。

「石油とかマグマとか。土ってどこまであるの？　土って何？」

「岩石が風化したもんでしょ。あと、腐った葉っぱとかさ。でもその話、あとにしてくれないかな。集中したいんだよ」

見ているこっちは、とうに飽きている。ナガイモを掘る菜園家を見続けるほど、退屈なことってないな。深夜のテレビでこの映像を流し続けたら、不眠症の人もすぐに寝るよ。そのときだ。

——ポキッ。

「あ～、折ったぞー！」

私は急に楽しくなって、大声で夫をののしった。外は土まみれなのに、折れたナガイモの内部は、ドキッとするほど真っ白だ。

「あ～あ～っ」

N村さんも、露骨に落胆の声を上げる。

「すみません……」

折れたナガイモを手に、夫はうなだれた。「このまま土に埋めてください」と言わんばかりの落ちこみようだ。

「気にしないで。次行こう！」

どう見ても気にしているN村さんになぐさめられ、夫はその後も何本かのナガイモに挑んだが、結局無傷で出せたイモは、たったの1本だった。

「どうせ小分けにして食べるんだから、途中で折っちゃえばいいじゃん」

そう言った私に、男二人は目をむいた。

「わかってないなぁ。無傷で出すことに意味があるんだよ！」

まったくわかりませんよ。

いったいどんな意味があるっていうんですか？

右　妻もそれくらい優しく扱ってくださいよ。
上　折れたイモにがっくり。
左ページ　コスモスは、こぼれダネで毎年咲きます。

女はそれをがまんできない

秋の初め、うちのサツマイモは大いにしげっていた。

私は、地面にはびこるイモのつるを折りたたみ、「それほどしげっちゃいませんよ」と見せかけるのに必死だ。なぜって、農園仲間にこう思われたくなかったから。

「金田さんのサツマイモって、つるボケじゃない？」

サツマイモには、葉ばかりしげってイモが太らないという現象があるらしい。それが「つるボケ」。れっきとした園芸用語だ。誰がつけたのか知らないが、救いようのない名ではないか。

つるボケは、肥料のやり過ぎが原因だという。

「気をつけたつもりだけどな……」

サツマイモがとれないと困るのだ。冬の私は、あらゆるつらさを焼きいもに助けてもらっている。原稿が書けない、お金がない、人に意地悪された、もう3日も便秘だ、などなど……。

便秘は当然だが、焼きいもを食べてさえいれば、たいていのつらさは和らいでくる。

しかし問題がひとつ。うちの近所へ来る焼きいも屋さんは、商売がえげつないのだ。

「1本ください」

「はいよっ。今夜も寒いねぇ」と挨拶を交わしているうちは優しいのだが、イモをはかりのカゴに入れたとたん、「600円だね」と、情け容赦のない値段をふっかけてくる。

「いったいどういう計算だ？　だいいち、はかりの目盛りがまだ止まってないだろ。そもそも、なんでこのデジタル時代に、バネばかりを使うんだよ！」

出かかった文句を、私はぐっとのみこんだ。彼を敵に回したら、「だったらもう、ここへは来ねえぞ」という事態になるともかぎらん。泣く泣く、おいも1本と引き換えに600円を渡していたのである。

そんな非情なサツマイモ加工業者とも、もうおさらばさ！

この冬は、自家製サツマイモを畑の焚き火で焼けばいい。そのために、燃やす野菜くずも残してある。だからなんとしても、サツマイモを豊作にしなければ。

サツマイモを植えたのは、6月の上旬だった。

JAの直売所で、20本500円で売られていた苗を見たときの驚きは忘れられない。葉はついているが、根っこが生えていない、ただの茎だったのだ。それを土にさせば、サツマイモが育つという。

半信半疑でやってみたら、直後はぐったりしていた苗が、1週間後にはすっかり根づいていた。

「1本の苗に、きっと何十本もイモがつくよ。買うどころか、自分で焼きいも屋ができるわい」

初めは笑っていた私だが、つるを伸ばして葉をしげらせ、畝からあふれて四方へ広がり出すサツマイモを見ていたら、ひどく不安になってきた。これって、噂に聞く「つるボケ」じゃないよね。

「ちょっと掘ってみようか？」

「ぜったいだめ」

夫が激しく首を振る。

「まだ夏だよ。イモなんてできてないよ」

「地上がこれだけしげっているのに、地下にイモができてないなんて、考えられる？」

もしそうなら、間違いなくつるボケだよ。

私は掘りたい衝動を懸命に抑えた。そうして、収穫までひと月となったある日。たたみ過ぎて団子状にからまったつるを、さらに返したら、

「ほっ？」

むき出しになった根元に、何やら赤いものが見えたのだ。しゃがんで、土を払ってみると、

「おお、サツマイモだ！　できてるよー！」

サツマイモ（ベニアズマ）の苗を植えましたが、これで育つのかと、半信半疑でした。

ほかのイモとはわけが違う。「春はあけぼの イモはサツマイモ」と、清少納言も書いてなかったっけ？

「まだ早いから掘っちゃだめだよ」

「いいじゃない。ためしにこれだけ掘ってみようよ。そしたらつるボケかどうか判明するし」

夫の返事を待たず、私はそのつるを引っぱった。

——ずるっ。

出てきたサツマイモは、3本。しかも、さほど大きくない。

「ほら見ろ。まだ小さいじゃない」

「いや、大きさはいいとしてさ……」

私はうろたえた。

「問題は数だよ。いもづる式っていうし、ずるずる何十個もつながってくるものじゃないの？」

あたりを掘り返したが、新たに出てきたのは、直径1センチほどのくずイモが2本だけだった。

「やっぱりつるボケかね……」

焼きいも天国の妄想が一気にしぼみ、焼きいも屋さんの高笑いが目に浮かぶ。

ひどくしょげた妻を気の毒に思ったのだろう。夫はこう言ってなぐさめた。

「まだ予定よりひと月早いし、これから育つよ。人間の赤ん坊も、出産まで2～3か月になって急に大きくなるんだってさ」

なんなんだ、その例えは。

サトイモは落ち着いて待てるのに、なぜかサツマイモは、早く出来具合を知りたくなる。そんな私を夫は理解できない。

「なんでそんなに急ぐの？」

「早く食べたいんだもん。女はサツマイモをがまんできないのだよ」

「買えばいいじゃない」

「こんなに作ってるのに、買うなんていやだよ」

のちに私は、掘らずにサツマイモの出来を確かめる画期的な方法を思いついた。土の中に手をつっこみ、イモを触るのだ。名づけて「内診」。

「お、できてるよ」

そう思っても、つるを引っぱってはいけない。周りの土をそっとかき出す。現れたイモが思いのほか小さかったら、すぐにそのイモを埋め戻す。

「触っただけだから大丈夫。これからまた大きくなる」

確かめさえすれば、ひと安心だ。しかし夫は、「そのイモはもう育たないね」と言い放った。

「なんで？」

「キツネって、人間に触られた子は母親が育てないんだって。匂いがついているから。サツマイモも同じだよ」

夫の例え話は、いつもどこかおかしい。


そんなこんなで、収穫の日。心配したサツマイモは、豊作とはいかないまでも、そこそことれた。先ほどから、イモが焼けるのを待っているところだ。

ふだんはおじさんとおじいさんばかりの農園に、女性や子どもたちの楽しげな声が響いている。サツマイモの収穫に、家族で来ているのだ。

「わーい、こんなに大きいのがとれた！」

「よかったねぇ。すごいなぁ」

自分が世話したイモなのに、おじいさんたちは掘った孫の手柄にしてほめている。子どもらは大喜びで、巨大なイモを抱いて踊っていた。

「サツマイモって偉大だね。これほど世界を笑顔にする作物ってないよね」

しみじみ思っていると、夫が呼んだ。

「そろそろいいんじゃない。おいも焼けてるよ」

苗から育てたサツマイモ。畑で焼いた焼きいもだ。１本６００円どころか、値段なんてつけられない。

幸せの黄色いおいもを、私は胸が焼けるまで食べ続けた。

◉菜園の豆知識
寝たイモは甘い
収穫したてのサツマイモは、正直、期待したほど甘くありませんでした。じつはサツマイモ、貯蔵によって甘さを増します。含まれているでんぷんが糖に変わるから。お店では、産地で貯蔵され、甘くなったサツマイモが売られています。
その甘さは、低温でじっくり加熱すると、さらに引き出されます。石焼きいもがおいしいのはそのためで、電子レンジでの加熱はＮＧです。

その美しさからは想像もつかない、奇怪な実体

秋が深まった頃、サトイモを掘り上げた。サトイモは、葉が大きいとたくさんイモがついているという。葉の広がりはまあまあだが、実際はどうだろう。

「ねえねえ、これなんですか？」

夫がスコップをかまえて掘ろうとしたとき、私はその根元に何やら発見して、隣のN村さんを呼びつけた。

「サトイモの根元から、何か出てるんですよ」

私が指さすものを見て、N村さんは「ありゃー！」と声を上げた。

「ほんとはね、ここに土寄せをしなくちゃいけないの。これが子イモ」

なんと、すでに子どもの頭が出ている状態だったのだ。地上に出てしまったサトイモは、硬く緑色になり、食べられない。そうならないように根元に土を寄せ、子イモの露出を防がないといけなかったのだ。そんなこんなで慌てて掘ったサトイモだったが、土から現れた物体を見て、私はゾッとした。

1 | 2
3 |
4 |

1 畝からあふれるサツマイモ。これでイモが育っていなかったら、何を育てているのやら。

2 試し掘りでとれた、小さなおイモ。ミスターBに、1本奪われました。

3と4 うれしい気持ちは、アリにもおすそ分け。

「なんだこれ……」

それは、地上部の美しさからは想像もつかない、奇怪な風貌だった。

「天空の城ラピュタみたい」と夫は言う。

たしかにそうだが、それより私にはこう思えた。

「表向きは優しいのに、腹の中は真っ黒な人みたいだ」

それほど、サトイモの地上部と地下部にはギャップがあった。

私の戸惑いをぜひわかってほしいので、ここで、サトイモの育ち方を紹介しよう。

サトイモは、タネイモを植えて育てる。私は、小さく芽の出たタネイモを、5月の連休に植えつけた。

やがて地上に出てきた硬い芽は、葉が巻いたもの。成長するにつれて、その葉は開いていく。長く伸びる部分は茎ではなくて葉柄で、サトイモの地上部はすべて葉っぱなのだ。

品種にもよるのだろうが、うちのサトイモの葉は、私の身長（158センチ）ほどに伸び、葉面は座布団ほどにもなった。

広がったサトイモの葉は美しい。東南アジア生まれのサトイモは、暑さと湿気が大好きなので、早朝こまめに水やりに行く。するとサトイモは感動の光景を見せてくれる。葉の上に、朝露の玉が輝いているのだ。

昔の人は、旧暦七月七日の七夕に、この露を集めて墨をすり、梶の葉や短冊に和歌や願い事をしたためた。空を仰いで開くサトイモの葉が、夜のあいだに天の川の雫を受け止めたと考えたらしい。なんてロマンチックな発想だろう。

そんな美しい葉に見とれている頃、地中ではドラマチックな変化が起きている。植えつけたタネイモの上に「親イモ」と呼ばれる大きなイモができ、それを囲むように、いくつも「子イモ」がつき始める。

旧暦八月の十五夜は芋名月。収穫期を迎えたサトイモを、団子やススキとともに月に供える人も少なくない。食べる分をそのつど掘り、霜が降りる前にはすべて収穫して、保存するというわけだ。

ともかく私は、その不気味な地下部から、子イモをかきとった。子イモには、さらにイモがついていることもあり、それは「孫イモ」と呼ばれる。

収穫直後のサトイモを初めて食べたとき、私のサトイモ観はひっくり返った。やわらかくねっとりして、鼻へ抜ける香りもたまらない。

収穫したての野菜はたいていおいしいが、サトイモはその上位にのぼるだろう。官能的と表現してもいいほどのうまさだ。

ただ、親イモはだめだった。子イモと孫イモをとったあとに、最後に残った巨大なイモは、煮ても焼いてもやわらかくならない。

「これは食べ物ではないな」

私はそう判断し、それからは収穫のたびに、親イモをコンポスターに投げ捨てていた。

ところがある日。

「あーだめだめ、捨てないで！」

夫がそれを拾い上げたのだ。

ネズミの尻尾のような太い根をぶら下げた、不気味な親イモ。そのぶらぶらをなでながら、「これも食べたい」と言う。

「親イモなんて食べないよ。硬くておいしくなかったでしょ」

「もっと長い時間煮ればやわらかくなるよ」

「こんなに子イモがあるんだから、これを食べればいいじゃない」

「ぼくはどうしてもこれを食べたい。捨てるなんて、もったいない！」

夫は、巨大な親イモを抱きしめて離そうとしない。

理由は察しがついた。1週間ほど前にドライブに出かけた際、とある直売所でサトイモの親イモが売られていたのだ。それを手に取る夫に、店員がささやいた。

「親イモはね、おでんにすると煮崩れなくていいんですよ。市場には出回らない、産直だけの味ですよ」

私は聞こえないふりをしていたが、夫は「なるほど、おでんか」とつぶやいていた。

あのときから、いやな予感はしていたんだよ。

「おでんにしてよ。煮崩れないからいいんだって」

前ページ

3	2	1
5	4	

1 サトイモの畝に寝転んで、葉を見上げました。
2 水で洗うと、地下部はこうなっています。
3 地球征服を企んでいそうな親イモです。
4 愛する子と孫たち。1株でこんなにとれます。
5 天の水。サトイモの葉は、うらやましいほど水をはじくんです。

ほら始まった。

「そんなに言うなら煮てやる。ただし、全部ひとりで食べるんだよ。私はひとかけらも食べないからね」

「わーい！」

その晩、私は硬い親イモをたたき切ると、大鍋に投入した。そしてその隣で、愛しの子イモを煮っ転がしにする。

「どうかしてるよ。子をたくさん産んで、おまけに孫までいる水気のない肉体をもったいないから食べたいなんて。健康な男子として、問題なんじゃないの？」

菜箸で子イモを転がしながらぶつぶつ言うと、夫は反論した。

「ぼくは博愛の精神をもっているんですよ」

その精神で、私と暮らしていると言いたいらしい。お互い様だよ。

「さあ、召し上がれ」

私は夫の目の前に、大鉢山盛りの親イモおでんを出してやった。竹輪も昆布も入っていない、親イモだけのおでんだ。

「おいしそうだよ～」

夫はうれしそうにそれを箸でつまむと、口へ運んだ。そして噛んだ瞬間、眉間にシワが寄る。私はそれを横目で観賞しながら、子イモを舌の上でつぶした。

「ん～～。ねっとりして、うま～い！」

「うー……。なんか……ちょっと……か、硬いね……」

それから2日間、夫は、朝も夜も親イモおでんを食べ続けた。5個分も煮たのだ。量はたっぷりある。そして3日目、朝食に出されたそれを前に、ついに夫は怒り出した。

「少しは協力してよ！」

「私はひとかけらも食べないといったはずだよ。夜食にも出してあげるから、早く帰ってきなさい」

結局、食べ残した親イモおでんは、畑のコンポスターに戻されて、肥やしとなった。

あの秋以来、夫は黙って親イモを捨てている。

◉菜園の豆知識

親イモ系のサトイモ

私が好きな「石川早生《いしかわわせ》」や「土垂《どだれ》」という品種は、子イモを食べるサトイモです。じつはサトイモのなかには、「京いも」のように親イモを食べる品種もあります。「エビイモ」は親子ともども食べられ、「八つ頭」は親と子がくっついて塊になったものです。人によっては石川早生の親イモを好むらしく、畑仲間のひとりは、私たちから親イモをもらっていきます。ホクホクしておいしいのだそうです。

上　名残のナス。

下　シソの実はお漬物に。

左　畑の虫たちも「秋だよ。カブの並木を散歩しよう」と言っているでしょう。

妻が近所のさらし者になっても
平気なの？

色づいたケヤキの葉が風に舞う。家の前の公園を、以前はうっとり眺めていた。しかし畑を始めて最初の秋、落ち葉を見る私の目は一変したのだ。

これが欲しい。腐葉土を作りたい。材料はそれこそ腐るほどあるし、自分で作ればタダなんだから。

「問題は、誰が落ち葉を集めるかってことなのよ」

「そんなのキミに決まってる」

議論の余地なしと、夫は言った。

「私にできるわけないでしょ！」

自治会のお掃除デーにも出ない私が、突然公園を掃き始めてみろ。たちまちご近所の噂だよ。

「じゃあ、闇にまぎれて夜やればいい。とにかくぼくはしません。腐葉土小屋なら作ってあげます」

週末、夫は私にガラ袋と熊手を買い与えた。ガラ袋は、口に紐のついた運搬用の袋。

熊手は、酉の市のじゃない、農具の熊手だ。

「落ち葉かきに、熊手は最適だからね」

見たことはあるが、使ったことは一度もない道具だ。

「ほんとに私がやるの？　どうしても私がやるの？」

「腐葉土を作りたければ、それしか道はないよ」

がまんしろ、私。自分で作ればお金を節約できるんだ。ブーツを買うか、腐った葉っぱを買うか。どう考えてもブーツだろ？

翌日、私は心を決めた。まず、茶色い服を着て、枯れ葉に擬態できるようにした。帽子を目深にかぶり、マスクをして軍手をはめ、最後にガラ袋と熊手を持って、鏡の前に立ったのだ。

「……ぜったい無理」

こんなかっこうで外に出られるわけがない。何よりこの熊手が異常さを際立たせている。たしか西遊記の猪八戒が、こんな道具を振り回していたぞ。

「耐えられん」

私は熊手を置き、代わりにベランダを掃くほうきを手に、家を出た。

公園には、大小十数本のケヤキやサクラがある。それがどっさり葉を落とし、キルトを広げたようだ。しかし私には、美しさを愛でるゆとりなどない。まずは深呼吸。ほうきを持つ腕を伸ばし、

（よし、やるぞ）

落ち葉をひと掃き、引き寄せた。

――ガガザーッ！

（ヒ〜ッ！）

たまげたなんてもんじゃない。落ち葉を掃くのに、こんな大きな音が出るなんて！

（これじゃあご近所中がベランダに顔を出すぞ。どうしよう。どうすればいいんだ）

考えた末、私はほうきを置いた。手で、落ち葉を拾い始めたのだ。木の幹やベンチに体を隠しながら、拾っては袋へ、拾っては袋へ。

（時間がかかるなぁ。でも大きな音を出して目立つよりはましだ）

やっとのことで2袋集めると、袋を背負って一目散に逃げ帰った。


「たった2袋じゃ、カブトムシを飼うくらいしか作れないよ」

その夜、夫はあきれて言った。

「それにこの袋の中、空気ばっかりじゃない。もっとぎゅうぎゅうに詰めなくちゃ。最低でも20袋は必要だよ」

「無理だよ！　妻が近所のさらし者になって平気なの？」

私は泣いて暴れた。

「ぼくも週末には手伝うから。それまでがんばりなさい」

しかたなく私は、翌日も公園に出た。

「ブーツじゃなくて腐った葉っぱを買うことになってもいいのか？」

そう自分に問いかけ、思い切って熊手を持っていったのだ。

（やるぞ。一気にやるぞ）

目をつむって深呼吸。熊手をかまえ、落ち葉をひとかき、引き寄せた。

――ガガザーッ！

音は相変わらず大きかったが、驚いたのは熊手の威力だ。ひとかきで大量の葉を集め、2〜3かきで落ち葉の山を作り上げたのだ。

（すごいな、熊手って。初めから使っとけばよかったよ）

私は落ち葉を袋に詰め、前日より短時間で3袋も集めて、大満足だった。

3日目。私は落ち葉集めをサボって、畑に逃げた。青空にイワシの群れが泳いでいる。秋の畑は、胸がしめつけられるほど美しい。

太さを増していくダイコン。ほれぼれするブロッコリー。ホウレンソウは虫がほとんどつかず、シュンギクとコマツナも順調だ。

「野菜作り一年生でも、無農薬でここまで作れるなんてね」

野菜が元気に育つにはフカフカの土が必要で、そのためにも腐葉土は欠かせないのだ。

集めた落ち葉はまだ5袋。夫の言う20袋にはほど遠い。

「明日はがんばろう」

右　農園仲間からもらったラッカセイ。土の中で育つなんて、初めて知りました。
左　無農薬でも、こんなに立派なブロッコリーが作れます。

サボったことに後ろめたさを感じながら近所の並木道まで帰り着いたとき、私は息が止まるほど仰天した。明らかに農家とわかるおじさんが、並木の落ち葉を集めて、軽トラに積みこんでいたからだ。まさかこの作業にライバルが出現するなんて……！

（あの人が公園に侵出してきたら、勝ち目はないぞ）

私は走って帰ると、熊手を引っつかんで出撃した。


「そりゃないよ。一緒に落ち葉集める約束でしょ！」

週末、朝から夫が怒っていたのは、私が無断で出かける予定を立てたからだ。

「そんな約束してないよ。きょうはあなたがひとりでやるの」

熊手を押しつけると、私は忠告した。

「公園の隅にはイチョウの木があるんだからね。あの葉っぱは入れちゃだめだよ」

イチョウやマツの葉は分解が遅く、腐葉土の材料には適さないと本に書かれていた。

「もしイチョウを1枚でも混ぜてみな。やり直しさせるからな」

その日夫に何があったのか。これはその晩、本人が語った話だ。

――ぼくが落ち葉を集めていたら、公園に小さな男の子と若いお父さんが来てさ、お父さんが息子にこう言ったんだ。

「おじさんに、『お掃除ありがとう』は？」

ぼくは背を向けてさ、「どうかかまわないで」って祈ったんだけど、その子、素直でさ。ぼくを見上げて大声で言ったんだよ。

「お掃除ありがとう、おじちゃん！」

「ああ、はい。どうもね」って笑うしかなかったよ。——

自治会のお掃除デーに出ている夫は、ご近所でも働き者のダンナさんで通っている。

どこを掃こうが拭こうが、誰も不審に思わない。


落ち葉を集め出して早1週間になる。昼寝をしていた私の耳に、遠くから心地よい音が響いてきた。

（いい音だなぁ。落ち葉かきの音だ……。ん？　落ち葉⁉）

私は跳ね起き、裸足でベランダへ飛び出した。

「しまった！」

彼らのことを忘れていた。お揃いのユニフォームに身を包み、定期的に公園の掃除をしに来る高齢者集団だ。落ち葉の詰まった巨大な袋が、すでに5つ以上まとめてある。

（いまある落ち葉を持っていかれたら、木に残った葉が落ちても、それほど量がないぞ。うーっ）

しばらくお掃除隊をにらみつけていたが、どう考えても答えはひとつだ。あれを略奪するしかない。私は身支度を整えると、公園に降りていった。

こんなときは、女より男に甘えるのが得策だ。狙いをつけたおじいさんに、ネコなで声ですり寄った。

「あのぉ、この落ち葉ってぇ、捨てちゃうんですかぁ？」

「欲しいの？」

（おっ、話が早いな）「はい。私ぃ、家庭菜園をやってましてぇ、腐葉土を〜」

「欲しけりゃ持ってっていいよ」

「マジすかっ！」

私はおじいさんを落ち葉の上に押し倒し、キスぜめにした。いや、してもいいくらいだった。

「いつ取りにくる？」

「今夜にでも」

「じゃあここに置いとくから、好きなだけ持っていきな」

——ザーッ、ザーッ、ザーッ
開け放った窓から、心地よい音が響いてくる。なんてさわやかな秋の日だろう。ソファに座って紅茶を飲みながら、落ち葉が集まるのを待っていればいいなんて。人生こうでなくちゃ。

あっ、おじいさん、さっき言い忘れちゃったんだけど。イチョウの葉っぱは混ぜないでね。

「落ち葉に熊手」ということわざでも作ればいいのに。ちなみに、猪八戒が振り回していたのは馬鍬の一種だそうです。

モノが腐ってうれしいなんて、人生で初めて

お掃除隊からもらった巨大な10袋を合わせ、手に入れた落ち葉は22袋。いよいよ腐葉土作りのスタートだ。

「腐葉土小屋なら作ってあげる」と言っていた夫が、何やら材木を買ってきた。工具箱も引っぱり出し、畑の隅で大工仕事を始めたのである。

「完成したら、壁に野菜と虫の絵を描きたいな」

小春日和の空の下、やがて建つ小屋を思うと心が躍る。ところが、

「できた」

「え？」

「できたよ」

「できたって……。これのどこが小屋なの？」

四方を板で囲っただけ。中には床板もない。

「ただの木の枠じゃん」

「ぼくもいろいろ調べたんだけどね、腐葉土は、こういうところで作るものなんだよ」

夫はドライバーを手に、むっとしている。

「屋根は？」

「ないよ」

「屋根のない小屋なんて、聞いたことないよ！」

「シートをかぶせるんだよ」

「それだけ？」

私が苦労して集めた落ち葉を、こんなチンケな小屋に入れるっていうのか？　校倉造りとは言わないが、もうちょっとましな建物作れないの？

「これだって、けっこう工夫してるんだよ」

片面塗装のコンパネを使ったのは、塗装面を内側にすれば、落ち葉と一緒に板が腐るのを防げるからだという。壁の1面だけは板を上下に分け、上の板を取り外せるようにしたそうだ。

「そうすれば、脚の短いキミでも中に入りやすいからね」

どうだい！　と胸を張る夫に、私はもう何も言うまいと決めた。円満な夫婦関係は、妥協の上に成り立つのだ。

「それとね、壁に絵を描く案は、却下だから」

「なんで？」

「農園の調和が乱れるでしょ」

私は、「ただの木枠」にしぶしぶ落ち葉を入れ始めた。ところが、またも問題発生。お掃除隊の集めた落ち葉に、腐葉土に不向きなイチョウの葉が混ざっていたのだ。

「あれほど口酸っぱく言ったのに」

「言ったの？」

「いや、念じただけ」

言えるわけがない。

「こうなったら全部取り除くしかないね」

イチョウのせいで腐葉土作りを失敗したら、あんな思いをして落ち葉を集めた甲斐がない。

「どうやって？」

「私が囲いの中に少しずつ落ち葉をまくから、あなたがそこからイチョウの葉っぱだけをつまみ出すんだよ」

幸いイチョウは黄色で目立つ。私は落ち葉をつかむと、囲いの上部からまき始めた。

「そこだ！　そのイチョウ、取れっ！」

夫は私の声に懸命に反応したが、5分もたたないうちに音を上げた。

「これじゃあ、いつまでたっても終わらないよ！」

「だったら、あなたが葉っぱ入れなさいよ」

私は中腰になると、囲いに頭をつっこんだ。そして、降り注ぐ落ち葉の中から、黄色

上　このときは、すてきな小屋ができるかと期待したのですが。

い葉だけをつかみとったのだ。

「見よ、この集中力と反射神経を！」

しかし、ほどなく気がついた。これを22袋も続けていたら5日はかかる。いや、2袋で発狂するぞ。

そのときだ。突然、大量の落ち葉が私の頭部に落ちてきた。夫が袋を逆さにして、全量をぶちまけたのだ。枯れ葉まみれで立ち上がった私に、夫は宣言した。

「もう限界。イチョウは見なかったことにします」

野菜作りの本によれば、腐葉土は、落ち葉、水、米ぬかを重ねて仕込むらしい。夫は、落ち葉の上にジョウロで水をまくと、このために買った米ぬかを振り入れた。

さあ、ついに私の出番だ。夫に「手を貸して」と命じると、レディの足取りで囲いに入った。落ち葉の床はフカフカで、視線がぐんと高くなった。これから落ち葉を踏みつけて、かさを減らすのだ。

私は優雅にスカートの裾をつまみ上げた。これがしたくて、わざわざスカートをはいてきたのである。

「ふみ　ふみ　ふみ♪」

右・左・右と、内股気味に足踏みする。

「ブドウと落ち葉踏みは、乙女の仕事よね。ふみ　ふみ　ふみ♪」

「おらおらネエチャン、もっと脚見せろや」

「お兄さんったら、好きねぇ。サービスよ。ふみ　ふみ　ふみ♪」

しばらくそうして落ち葉が沈むと、私は囲いから出た。夫がさらに落ち葉と水、米ぬかを入れ、また私が囲いに入って、「ふみ　ふみ　ふみ♪」とやる。これを繰り返し、仕込みは終わった。あとは微生物にまかせるしかない。

右　米ぬかを振り入れます。これで塩を入れたら、枯れ葉のぬか漬けですね。
左　屋根がないので、シートをかけるしかありません。

それから10日ほどたった日。私はひとり、腐葉土の具合を見に行った。小屋にかぶせたシートをはがすと、

「ん？　なんだこれ？」

落ち葉がおかしなことになっている。誰かに聞こうと周囲を見回したら、2区画ほど先に、やはり囲いの中で「ふみふみ」しているおじさんが見えた。

「あのー、うちの落ち葉に白い糸みたいなものがついてるんですよー。これって大丈夫なんですかー？」

おじさんは、足踏みしながらこっちを向いた。

「それでいいんだよー！」

二人の語尾が伸びているのは、25メートルほど離れているからだ。

「温度、上がってるだろー？」

「温度？」

「仕込んで日がたつと、発酵して温度が上がるんだ。50℃くらいになるよー」

「へ〜」

私はおそるおそる落ち葉に触れてみた。冷え切っている。腕を少し入れてみる。もっと奥へ、肘までつっこんでみた。

「どう？」

おじさんが、わざわざ見に来てくれた。

「冷たいです」

落ち葉に手を置いたおじさんは、返事に困っている。

「失敗ですか？」

「う〜ん。きっと寒いからだよ」

けれどその後何週間たっても、私の落ち葉は発熱しなかった。つまり分解していないということだ。

「イチョウのせいだよ。シルバーお掃除隊め！」

罪のない高齢者に責任をなすりつける妻を、夫はなだめた。

「とりあえず春まで待ってみようよ」


年が明け、関東にも雪が積もって、すぐにとけた。その頃にはほったらかしになっていた腐葉土だが、ある週末、「どうなったかな」と、夫がシートを開けたのだ。もわ〜っと湯気が立ちのぼる。

「おお、熱が出てる！」と一瞬喜んだものの、すぐに気がついた。

「湯気じゃないよ。胞子だ。カビが生えてる！」

慌ててマスクを装着する。

「全部出して、ひっくり返そう。こんなことならゴーグルも持ってくるべきだったよ」

夫は、囲いから落ち葉をかき出し始めた。幸いカビは表面だけだ。

◉菜園の豆知識
土をよくする腐葉土

「腐った葉の土」と書きますが、腐葉土は、落ち葉を腐らせるのではなくて、発酵して腐る「腐熟」をさせて作ります。自然界では、虫や微生物などが落ち葉をゆっくり分解して土にしますが、それを人の手で早く作ったものが、ホームセンターなどで売られる腐葉土です。土に混ぜると、空気を含んでフカフカにし、水分や肥料分をつなぎとめたり、排水をよくしたりするので、野菜が喜ぶ土壌が作れます。

様子を見に来たミスターBが、「うへっ」と顔をしかめる。

「おじさんが長くはいた靴下の臭いがするぞ」

「違うよ。古漬けの匂いだよ」とこたえながら、私は感動していた。いままさに、落ち葉が土になろうとしているのだ。

「モノが腐ってうれしいなんて、人生で初めてだよ」

あとで知ったことだが、本来腐葉土は森の香りがするそうだ。たしかに、森の土が漬け物臭だったら、森林浴なんて誰もしない。つまり我が腐葉土は、少しばかり腐敗してしまったのである。

でも、ときどき切り返すうちに、数か月後には臭いも消えて、なんとなく腐葉土が完成した。

おかげでお金を節約できて、私はブーツが買えた。でも、そんなことはどうでもいいくらい、腐葉土作りは楽しかった。毎年やりたい気持ちはある。しかし、どうしてもあの問題が……。

落ち葉集めは恥ずかしい。

右ページ　ダサい木の枠のせいで気分が乗りませんが、がまんしました。
左　腐葉土への道のりは長いのです。

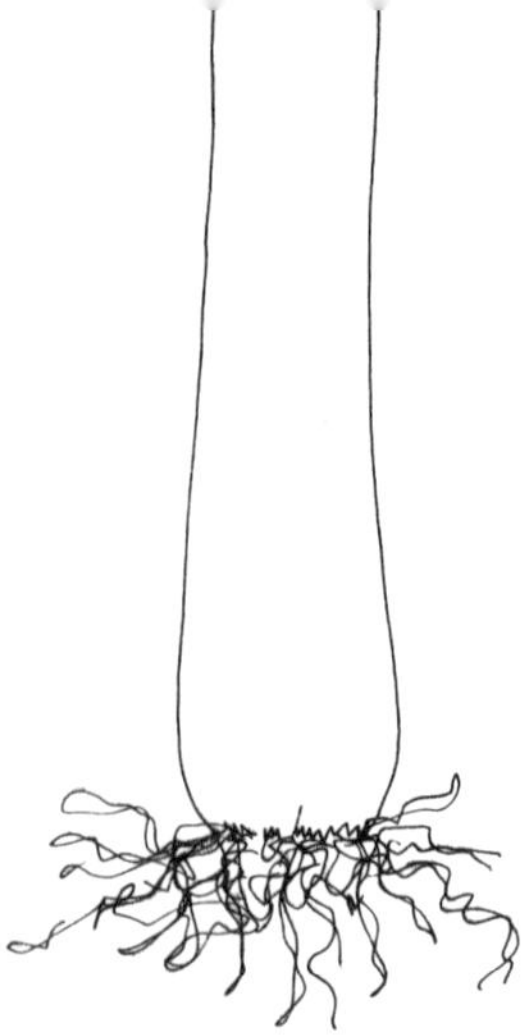

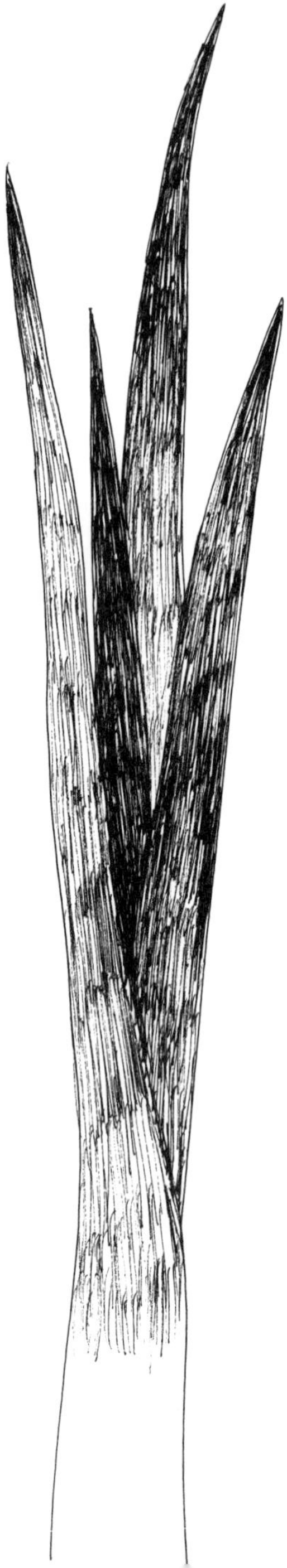

冬

あいつらを急性アルコール中毒にさせなくちゃ

ハクサイが立った。孔子は三十にして立ったらしいが、うちのハクサイは、苗を植えてから2か月もしないで立ったのだ。

育てて知ったことだが、植えたばかりのハクサイの苗は、葉が横へ広がって成長する。まったくハクサイらしくない。

しかし、葉が15～20枚まで増えた頃、あら不思議、新たに出た葉が立って生え始める。中心から続々と生まれる葉はどれも空に向かい、硬く締まって球になる。

「すばらしい。立ってこそハクサイだよ！」

しかし、育つにつれて困ったことも起きた。ハクサイに、アブラムシがつき始めたのだ。集団で植物にとりついて汁を吸い、ときには病気を移していくやっかいな虫だ。見逃すと、どんどん増える。

「アブラムシ界には、少子化問題ってないのかねぇ」

私は、来る日も来る日も、クラフトテープをちぎっては、アブラムシにペタペタと押しつけた。テープには、つぶれた死骸がびっしりだ。

野菜作りの教科書にも載る駆除法だが、誰が考えついたのか、先人の知恵には頭が下がる。ただ、粘着部にくっついた葉がちぎれることもあるし、時間もかかって面倒だった。

そんなある日、畑のご近所さんがこう言った。

「アブラムシ退治には、日本酒がいいらしいよ。おそらく急性アルコール中毒にしちゃうんだな」

「酒ですか？」夫は興味津々だ。

「害虫には○○が効く」という話は、農園でよく耳にする。トウガラシと焼酎で作った液体だの、炭焼きの際にとれる木酢液だの、無農薬派はあれこれとためしてみる。私も以前、「アブラムシに牛乳をかけると窒息して死ぬ」と聞き、ためしてみた。たしかに数は減ったが、野菜に牛乳がこびりつき、気味が悪いし乳臭い。それを洗い流すのが手間で、それっきりだ。

「酒なら牛乳よりいいかもね。やってみようよ」

夫が乗り気なので、翌日私は近所の酒屋へ出かけた。

(日本酒って、こんなにあるのか……)

私たちは夫婦揃って酒に弱い。飲まないから知識がない。こんなにある酒の中から、いったいどれを選べばいいのだ。

「アブラムシに効く銘柄はどれですか？」とは、いくらなんでも聞けないし。そう思っていると、小さな紙パックに目がとまった。

左　ハクサイが育つ立冬の頃には、ニラにタネができます。勝手に落ちて、翌春芽を出します。

『清洲城信長鬼ころし』

効きそうだ。鬼が殺せるなら、アブラムシなど瞬殺だろう。しかも、税抜たったの100円。私はそれを買い、翌週畑に持ちこんだ。


「水で薄めたほうがいいんじゃない？」

突然酒をくらうアブラムシもちょっぴり気の毒だが、ハクサイが枯れやしないか心配だ。気温が上がったら、酒蒸しになってしまう。

「いいんだよ、原液で」

夫はスプレー容器にどぼどぼと鬼ころしを注ぎ、それを私につき出した。

「ぼくがやると、車の運転ができなくなる」

「噴きかけるだけで、飲むわけじゃないでしょ」

「いいからやって」

アブラムシに限らず、夫は害虫駆除をしない。殺生は私にやらせて、自分だけ極楽へ行こうという魂胆だ。しかたなく、私はアブラムシの巣窟に鬼ころしを噴射した。

——シューーッ！

「おっ？　縮こまった？」

近寄って観察すると、アブラムシの背中が濡れている。動きもない。

「これ、効くかもよ」

――シューッ　シューッ　シューッ！

「アブラムシには鬼ころしが効く」という、新たな駆除法の誕生か⁉　販路を広げた鬼ころしの会社が、手土産持参で挨拶に来るぞ。

気をよくした私は、「おらおら、くらえっ！」と、鬼ころしを噴射しまくった。

そうして数分後、私は泥酔してしまったのである。舞い上がる酒を吸いこんだせいだ。

「ほらね、ぼくがしなくてよかったでしょ。どう、アブラムシ？」

「アブラムシなんてどうだっていいよ。地球が回る。吐きそう」

下戸とはいえ、人間がこうなのだ。アブラムシは一族郎党全滅だろう。

果たして1週間後。

「酒豪だったみたいだね……」

アブラムシは増えていた。「日本酒が効く」は、偽情報だったようだ。またもやテープでペタペタ作戦に逆戻りである。

「もううんざり！　これ、抜いちゃうよ」

私は、特に被害の激しいハクサイを引き抜いた。アブラムシだらけの葉を何枚か脱がせると、中までは被害が及んでいない。これなら問題なく食べられる。

その晩である。

「ねえ……」

夫が、スプーンを手に、目の前の器を凝視している。

「これってアブラムシ？」

見ると、シチューに灰色の粒が浮いていた。それも複数。

「気のせいだよ。きちんと洗ったよ」

私は夫の皿に自分のスプーンをつっこんで、ぐるぐる混ぜた。

「気のせいじゃないよね」

夫は、渦に巻かれている灰色の粒をスプーンですくい取り、私の鼻先につき出した。

「ほら、これだよ」

「ああ、それ？　コショウだよ。コショウ」

「よく見てよ。脚が生えてるじゃないか！」

目が悪いくせに、こういうときはよく見えるんだな。

「ありゃまあ。めずらしいコショウだね。きっと突然変異だよ」

夫はついにスプーンを置いた。

「しっかり洗わなかったでしょ！」

「洗ったよ！　すっごく時間かけて洗ったぞ。だいいちね、無農薬で野菜作ってて、アブラムシの1匹や2匹食べられなくてどうすんの？　スーパーのきれいなハクサイのほうがよっぽど怖いよ」

私は自分のシチューをひとさじすくうと、ずるっとすすった。

「あ〜、おいしい。アブラムシの油が、隠し味になってるんだな」

宿敵アブラムシ。駆除しにくくて、やっかいな虫です。

2	1
4	3

1　初期のハクサイ。葉は内側から出てきます。
2　ナナホシテントウはアブラムシを食べる益虫。
3　ハクサイが、野望に燃えて立ち上がりました。
4　わーい、今夜は鍋だね！

化け物でも見るような目を私に向け、夫は器を押しのけた。そしてそれきり、ひと口も手をつけなかった。私もバカだ。なんでホワイトシチューになんかにしちゃったんだろう。細かく刻んで、餃子にすればよかったよ。

ハクサイはまだまだ残っている。翌日もそれを食べようとすると、夫が騒ぎ出した。

「キミの洗浄は信用できない」

「そうですか。だったら、ご自分で気のすむまで洗ったらいかがですか？　でもね、台所は私が使うんだから、よそでやってくださいよ」

夫はハクサイをザルに入れ、大きなタッパーを抱えて、脱衣所へ向かった。

「濡れちゃうと困るからね」とぶつぶつ言いながら、服を脱いでいる。洗面所ではなく、風呂場で洗うつもりらしい。やがて、「シャーッ」とシャワーの音が響き始めた。

それから40分近くたって、ようやく夫は風呂から出てきた。

上気した笑顔で「洗ったよ」とさし出したタッパーには、ハクサイの葉が、小さい順にきっちり整列していたのである。

あきれて笑うこともできない。かわりに、皮肉たっぷりに聞いてやった。

「どう？　ハクサイと風呂に入った感想は？」

「ハクサイはさぁ……」と間があって、夫は急に意味深な笑みを浮かべた。

「白かったよ。……すごく」

あんた、風呂でハクサイと何やってたんだ？

◉菜園の豆知識

アブラムシ

アブラムシは光るものが苦手。アブラムシ対策のために畝に張るキラキラテープも売られているほどです。野菜の根元にアルミホイルを敷くことも効果的ですが、一番よいのは、アブラムシが好む環境を作らないこと。風通しの悪い場所が好きなので、野菜が混み合わないようにすることが大事です。

はい、息んで！

ひーひーふー！　ひーひーふー！


秋から冬へと変わる頃、畑の土の上で、じっとしているバッタを見つけた。

この子が今年最後のバッタだろう。虫の神様のお迎えを、待っているのに違いない。

「そこじゃ寒いよ。もっと暖かい場所へ移してあげる」

私はバッタをそっとつまんで、持ち上げようとした。

「え？」

びくともしない。なんという怪力だ。

地面に膝をつき、もう一度バッタをつまんだ瞬間、

「ぎゃー！」

私は絶叫して、尻もちをついた。バッタの尻が土の中にさしこまれていたからだ。

「バ、バ、バッタが、出産してるー！」

初めての光景に、目が釘づけになった。土に挿入されたバッタの尻は、パン粉をつけて揚げたらうまそうな、エビそのものだ。

「出産じゃなくて、産卵ですよ」

そう言いながらそばへ来た夫は、バッタを見下ろして、いやな顔をした。

「うちの畑で卵を産んでもらっちゃ困るよ。ここで子どもが生まれるってことは、うちの野菜を食っちゃうってことだからね。よそへ行ってもらって」

分娩中の母に立ち退けだなんて、よく言えるな。

「このバッタの子にとって、うちの畑は実家なんだよ。実家でごはん食べて、何が悪いの？」

私は小石を拾って、バッタを守るように囲うと、出産に立ち会うことにした。

「はい、息んで！　ひーひーふー！　ひーひーふー！」

焼きいもをほおばりながら、声援を送る。

「がんばれ、もう少しだよ」

頭をなでてやったが、ちっともうれしそうじゃない。「気が散るからあっち行け」と言っているようだ。

おまけに、何分たっても変化がないので、私はほんのわずか、目を離してしまった。バッタはそのすきに消えていた。尻をつっこんでいた穴も自分で埋めたらしい。あとにはただ、小石が残されていた。

脱皮をしたバッタを初めて見たのも畑だ。

卵からかえったバッタの幼虫は、チョウやカブトムシと違って蛹にはならず、皮を脱ぐたび少しずつ大きくなる。Mサイズの服がきつくなって、Lサイズに着替えるよう

2	1
4	3

1　どう見ても車エビ。
2　バッタの脱皮。まるで幽体離脱ですね。
3　この皮の主はどこへ？
4　冬、バッタが地面で死んでいました。こういうシンプルな死が、とてもうらやましいのです。

な感覚なのだろうか。

ただしバッタは、パンツとシャツを別々に脱いだりはしない。体を覆うすべての外皮を、一体化したまま脱ぐ。だから、抜け殻もまるっきりバッタで、目もあれば触角もあり、曲がった足のギザギザした部分までそのままだ。

裸になった人間にはつい触りたくなるが、脱ぎたての虫に触れてはいけない。

「脱皮したては体が軟らかくて傷つきやすいから、見るだけにしな」

夫にそう教えられた。

しばらく観察していると、バッタはゆっくり移動を始めた。脱いだ皮にはなんの執着も見せずに、行ってしまう。

「おれは過去には興味がない」

そんな声が聞こえてくる。

なんという潔さだ。私も、切った爪やちぎった甘皮には愛着を感じないが、全身の皮がそばに転がっていたら、放ってはおけないだろう。

「いいなぁ、脱皮って。人間もさ、試練を乗り越えたらひと皮むけるとか、実際に脱皮したら成長がわかりやすいのにね」

そして脱皮した日には、赤飯を炊いて祝うのだ。

「でもさ、急に来たら困るよね。会社へ行く朝の電車とかで」

それはきっと便意のように襲ってくるのだと、夫は言った。

四季を通して畑にいると、生き物のいろいろな姿を目にする。トマトに産みつけられたカゲロウの卵。小さな殻を背負った生まれたてのカタツムリ。空を舞うキアゲハや土へともぐっていくオケラ。交尾をするモンシロチョウに、交尾をするオンブバッタ、そして交尾をするアカスジカメムシ。虫は繁殖が生きがいだから、しかたない。ハクサイにあいた穴から顔を出すアマガエルや、キャベツの葉の下でまどろむヒキガエルを見ることもある。

人の都合で害虫と呼ばれる虫も含め、私は生き物のあふれる畑が大好きだ。なかでも驚いたのは、土からあるものを掘り出したときだ。それは夏のことだが、タネまきの準備のために畝を耕していると、何やら豆のタネが出てきたのである。

「ここって、もうタネまいたの？」

すると夫は「タネまきはキミの担当でしょ」という。そのとおりだ。私がまいてないなら、誰もまいていない。私はしゃがみこんで、小さなスコップでそのへんを掘ってみた。すると、コロコロと豆がいくつも出土した。インゲン豆に似ているそれを、私はひとつつまんでみた。

「うわっ⁉」

驚いて、思わず取り落とした。弾力がある、奇妙な感触だったからだ。

上　生まれて初めて爬虫類の卵を見ました。
下　収穫しようとしたキャベツの葉の下に、こんな子が。ミスターBのコンポスターに引っ越してもらいました。

「なんだこれ？」

混乱した頭で考えていると、先ほどここにスコップをつきさしたとき、土の中から逃げ出した生き物の姿が思い浮かんだ。

「わーっ！」

「なんなの？　急に大きい声出して」

「これ見て、これ！」

間違いない。それはトカゲの卵だったのだ。

「どうしよう、これ……」

命の重さに、持つ手が震えてくる。さっきまで親がいたということは、産卵中だったのだろうか。

「どうしようって、どこかに埋めてあげないとさ」

夫に言われ、我に返る。

「そうだね。この畝は使うから……」

私は、卵をすべてスコップに乗せると、少し離れた畝に運び、「悪いけど、ここで育ってね」と、注意深く埋めてやった。

ところが、先ほどの畝に戻ってタネまきの準備を再開したとたん、何やら強烈な視線を感じたのである。

見ると、すぐ脇のミツバの根元で、トカゲがこちらを凝視しているではないか。

「あんた、さっきのトカゲ?」

トカゲは、身じろぎもせずにこちらを見ている。つぶらな瞳が潤んで見えるのは、気のせいだと思いたい。

「こっち来て、ちょっと見て!」

私は再び夫を呼びつけ、ミツバの陰を指さした。

「うう……。これはつらいね」

「こっち見てるよね」

「見てるね。あれは恨みの目だよ。このままじゃ、呪いをかけられるね」

「やめてよ!」

私は半べそでしばらく考え、決心した。この場所にタネをまくのはあきらめよう。すぐに先ほどの場所を掘って卵を回収し、スコップに乗せてトカゲのもとへと戻った。

「ほら、返しますよ。これで全部ですから、数えてください」

鼻先に見せてやると、なんとトカゲは、するするとミツバの陰から出てきた。用心深くてすぐに逃げるトカゲが、自ら寄ってきたのだ。

「感動の再会だね。全米が泣くよ」

呪われる心配のない夫は、気楽な見物だ。

私は、トカゲの母さんに厳しく監視されながら、卵をあった場所に埋め戻した。あとで知ったのだが、ニホントカゲは、孵化するまで母親がそばについて卵を守るらしい。

「それにしても畑ってところは、何が埋まっているかわかったもんじゃないね」

「ほんとだね」とゲラゲラ笑う夫を見ていて、私は思い出した。

以前夫は、土の中にいた巨大なヒキガエルに、クワの一撃を命中させたことがあったのだ。

あれに比べれば、卵を掘り返したくらい大した罪じゃない。にわかに気が楽になった。

神様、どうかトカゲが元気に孵りますように。そして夫を、ヒキガエルの呪いからお守りください。

◉菜園の豆知識
バッタは害虫

オンブバッタやショウリョウバッタなど、畑にはバッタがたくさんいます。野菜の葉などを食べてしまうので害虫ですが、私はバッタが好きで、駆除できません。代わりに、バッタを食べるカマキリを増やします。冬にカマキリの卵を見つけると、鳥などに見つからないようにハーブの茂みなどに隠します。畑の生態系が保たれていれば、バッタが増えすぎて野菜が全滅ということにはなりません。

穴、穴、穴、穴……こんなの拷問だ！

11月半ば、タマネギを植えつけた。

その苗は、ネギの赤ん坊のようで、土から抜かれて根がむき出しの状態で売られていた。タマネギは、タネをまいて苗を育て、それを掘り上げて、畑に植えつけるという。

「これでよく枯れないな」

不思議に思いながら、1束50本の苗を2束買ったのだ。黄タマネギを2品種。タマネギにも多くの品種がある。

タマネギを植えるには、土に「マルチ」という農業用ビニールを敷くといいらしい。地温を上げ、湿度を保つための園芸資材だ。寒く乾いた冬を越すのだから、備えが必要なのだろう。

便利なことに、15センチ間隔で穴のあいたタマネギ用マルチを売っていたので、それを使った。

さあ、年内最後の植えつけだ。マルチの穴の中心に、棒をさして植え穴を作り、苗を1本入れたら、土を寄せて根となじませる。終わったら隣の穴だ。

棒で穴をあけ、苗を入れ、土を寄せる。深く植えすぎてもいけないので、根元を調整する。また隣の穴だ。

しゃがんだ姿勢のまま、カニのように横へ移動していく。

穴、穴、穴、穴、穴、穴……。

どこまでも穴、果てしなく穴が続いている。植えても植えても苗が減らない。10本も植えないうちに、私は叫んだ。

「もういやっ！　こんなの拷問だよ！」

一年中山積みで売られているタマネギ。日本中のタマネギの数を思うと、いったい誰がこのつらい作業をしているのだろう。

「機械植えに決まってるでしょ」と夫が笑う。

そうだよね。手作業だったら、1袋198円は安すぎる。

「手伝って」

「いやだよ。植えつけはキミの仕事でしょ。ぼくの担当は土作りだ」

「手伝ってよ！　私が発狂してもいいの？」

夫はいやいや畝の反対側にしゃがむと、苗を1本手に取った。スピードがひどく遅い。

「もっとさっさとやって！」

「丁寧にやってるんですよ」

「丁寧に、さっさとやってよ！」

ときどき立ち上がっては、立ちくらみをこらえ、「うい～っ」と腰を伸ばして、また

1
3 | 2

1　タマネギの苗。どう見てもネギです。
2　たるんでますね。N村さんが張ったマルチは、トンボが水面と勘違いしてとまるほどハリがあるのに。
3　タマネギの植えつけはずっとこの体勢。おならが出そうになるんです。

しゃがむ。初めてということもあろうが、手元の苗がすべてなくなるまで、1時間近くもかかった。

植え終えた苗を数えると、4列×29本で、116本もある。50本を2束のはずが、16本もおまけがあったのだ。

「ありがたいけど、16本分よけいに疲れたと思うと、いらんサービスだな」

筋肉痛というおまけまでついて、私は数日不機嫌だった。


本格的な冬が来た。タマネギにはなんの変化もない。

「だまされてネギを売られたのか？」

疑いをもちながらも、2月に肥料をやった。言うまでもないが、116本全部にである。

まるで禅の修行だ。寒いとかつらいとか、あと何本残っているとか、雑念は捨てて、目の前の1本に向き合うしかない。

けれど、私が命を削って肥料をくれたのに、タマネギは相変わらずネギだった。

ところが、春が来ると、タマネギはついに自分のアイデンティティに気づいたらしい。突然むくむくと葉が育ち、根元が膨らみ出したのだ。

順調に太っていくタマネギの脇にしゃがんで、夫がニタニタ笑っている。

「色っぽいねぇ」

「どこが？」

「どこって。そりゃあ、この膨らみですよ」と、茎から玉への曲線を指でなぞっているのだ。

「このライン、すっごくきれい」

ハクサイと風呂に入った一件以来、この男の野菜愛は変態じみている気がしていたが、間違いなさそうだ。

色っぽいとは思わないが、タマネギがここまで育ったことには、私も感無量だった。植えつけからもう6か月になる。栽培にこれほど時間がかかる野菜だと知っていたら、もっとありがたく食べていたのに。


そんなある日。

ひとり畑にいた私は、タマネギの葉に何やらついていることに気がついた。朝露かと思ったが、みずみずしさがまるでない。近寄ってよく見ると、粉状のものが葉を覆っていた。

「これって、カビ⁉」

調べると、あっちもこっちも、葉にカビが生えていた。

私は慌てて、ネットに助けを求めた。「タマネギ　カビ」で検索すると、大量の結果が表示された。

――保存中のタマネギに黒いカビが生えました。食べられますか？――

「そんなの、洗って食べなよ！」

私が悩んでいるカビは、土に根を張るタマネギに生えているのだ。だいいち、なぜ生き物にカビが生えるわけ？　その疑問に、帰宅した夫はこうこたえた。

「水虫もカビだろ？　生きている人間に生えるよね」

どうやらタマネギは「べと病」という病にかかってしまったらしい。多湿が続くと発症しやすい植物の病気で、やがて葉が枯れるという。長雨が災いしたのだろうか。

「治るの？」

夫はショックを隠せない。見とれていた色っぽいおねえちゃんが水虫だったのだから当然だ。

「えーと、防除薬剤はカーゼートPZ水和剤、ランマンフロアブル……」

農薬名を読み上げるうち、私までがべと病にかかったようにしおれていった。

週末、私たちはホームセンターの農薬コーナーにいた。近隣に農家が多いせいか、品揃えが充実している。あれこれ手に取って表示を見る私に、夫が聞いた。

「どうする？」

「わかんない」

「使ってみる？」

2	1
4	3

1　自分はネギだと思いこんでいるタマネギ。

2　収穫です。しばらく畑で乾かそうと思ってこうしましたが、盗まれそうで、結局持ち帰りました。

3　病気で葉を切った子たち。小さいですね（涙）。

4　タマネギはこうしてまとめて乾かします。

「わかんないってば！」

しまいに私は泣き出した。防護マスクやゴーグルをしてこんなものをまくなんて、やっぱりどうしても気が進まない。私は宣言した。

「決めた。使わない！　こんなの、私のやりたかったことじゃない。いま、ぜんぜん楽しくないもん」

私たちは店を出ると畑へ直行し、病んだタマネギの葉を1本1本切って処分した。そのあいだ、葉に1匹のカエルが座っていた。農薬を使えば、彼らの生きる環境も害してしまう。そんなことはしたくない。

それでも、作業を終えてタマネギを見た私は、ひどく落ちこんだ。すっかり葉のなくなった子もたくさんいる。もう育ちようがないことは、シロウト目にも明らかだ。しかたなく、私はそのタマネギを土から引き抜いた。

「小さいね……」

市販のタマネギの6～7割の大きさしかない。苗を植えて半年以上、待ちに待った収穫がこんなことになるなんて。Fカップまで育つと期待したのに、Bカップで止まったタマネギに、夫のショックは私以上だろう。そのときだ。

「あれ？　タマネギ収穫？」

お隣のN村さんがやってきた。

N村さんは話を聞くと、カラカラと笑った。

「気にしない気にしない。タマネギはもう収穫期なんだから」

「でもまだ小さいのに……」

「ぼくのも、ほら。これ以上育たないよ」

見ると、N村さんのタマネギは、まだ小さいのに葉が倒れている。タマネギが倒れるのは、収穫の目安なのだと教えられた。

「つまり、今年はあんまり大きく育たなかったってこと。また来年がんばればいいんだよ」

その言葉を聞いたとたん、私は目の前の靄が一気に晴れた。

「N村さん、それスゴイよ！」

「何が？」

本人はキョトンとしているが、私は家庭菜園の哲学を教えられた思いだった。

野菜は、きちんと世話をしても、思うように育たないことがある。でも、落ちこむことはない。そのまま受け入れ、次回またがんばればいいのだ。仕事じゃなくて、趣味なのだから。

口に入れれば儲けもの。それくらいの気持ちでいれば、できた野菜は小さくても少なくてもありがたい。

手のひらに乗る小さなタマネギの美しさに、私はやっと気がついた。

◉菜園の豆知識
タマネギの保存法
近頃我が家では、赤タマネギも加えて、約200個のタマネギを栽培しています。自分で作ると、育ちきる前に葉タマネギとして食べることもできます。
タマネギは一度に収穫するので、すぐ食べる新タマネギを除き、保存します。数本をまとめて葉を束ね、軒先などに吊るしておくと、乾燥して皮があめ色になるので、そうなれば長期保存が可能です。

安らかに眠りたまえ

私は冬が好きだ。

でもそれは、冬ごもりが好きなのであって、冬の畑で働きたいわけじゃない。できれば一日中布団をかぶって寝ていたいのだ。

「でも、収穫には行かなくちゃ。ダイコンは食べたいし、ホウレンソウもおいしいよ」

夫に言われ、しぶしぶ布団から顔を出す。

久しぶりの畑は、すっかり様子が変わっていた。荒れ果てた乾いた大地を、強い北風が吹き抜けていく。

一刻も早く帰って、顔の保湿をしなくちゃ。そう思っていると、お隣の区画のハクサイに目がとまった。外葉がまとめられ、紐で縛ってある。

「かっこい～。ハチマキみたい」

祭りでも始まりそうだ。

「どうして縛るんですか？」

夫が、区画の主のO野さんに聞いた。

「霜が降り始めると、ハクサイの内部が腐っちゃうんだよ。でもこうしておくと、外

1 O野さんの、粋なハクサイ衆。
2 まねしたら、なぜかこうなってしまいました。
3 ダイコンを生き埋めにしているわけは、本文で。

の葉は枯れても、中は守れる。布団みたいなもんだね」

ほお。こりゃあいいことを聞いた。

「私も冬は布団にもぐっていたほうが、腐らないんじゃないかな?」

「だからって、一日中寝ている言いわけにはなんないよね」

霜なんてとっくに降りているし、うちのハクサイも、早いとこ縛らないと腐ってしまうぞ。うぞ。働かないつもりだったが、しかたない。

私はさっそくハクサイの外葉をまとめ、それを夫が、紐でぐるぐる巻きにした。

「ひどいね、こりゃ」

「これっぽっちも粋じゃないね」

まるで、す巻きにされた罪人だ。こんなところにもシロウトとベテランの差は出るんだな。


反対隣りの区画では、N村さんが畑の隅に穴を掘っている。

タイムカプセルでも埋めるのか、それともへそくりでも隠すのかとのぞきに行くと、

「ダイコンを保存するんだよ」と教えてくれた。

「室《むろ》」と呼ばれる、天然の貯蔵庫だ。聞いたことはあるが、雪国の話だと思っていた。

「土に埋めておくと、みずみずしいまま保存できるんだ」

ほお。またしてもいいことを聞いたぞ。

「私も冬は布団に埋まっていたほうが、保湿になるんじゃないかな？」

「だからって、一日中寝ている言いわけにはならないんだってば」

さっそく私たちも、残っていたダイコンをすべて抜いた。穴を掘り、葉を取り除いたダイコンを入れていく。

夫が土をかけ始めると、私は神妙な気分になってきた。まるで埋葬に立ち会っているようだ。いや、死んでいるならまだしも、生き埋めにしようとしているのだ。

「安らかに眠りたまえ」

私は思わず目を閉じ、手を合わせた。

やがて白い肌が地中に消えると、夫は表面の土を平らにならした。

「ちょっと盛り上げたほうがいいんじゃない？」

「それこそお墓みたいだろ」

たしかにそうだな。それはやめよう。

「じゃあ、棒をさすとか、目印をつけようよ。宝の地図でも作ろうか？　どこに埋めたか忘れちゃう」

するとと夫は鼻で笑った。

「自分で埋めたんだから、忘れるわけがないでしょ。キミとは違うんですよ」

それから1週間後、我々は早くもダイコンを掘り出しに行った。

「えーと、たしかこのあたりだったよね？」

夫がチラリとこちらを見る。

「私は知らないよ。忘れるわけがないって、偉そうに言ってたじゃないか」

「覚えてますよ。ここですよ、ここ」

そう言うなり、夫はスコップをつきさした。

――シャキッ！

「いま水っぽい音がしたよ」

夫はニヤニヤしながら、20センチほど離れた場所に、再度スコップをさしこんだ。

――シャキッ！

「まただよ」

そしてさらに、

――シャキッ！

「もうやめーい！」

私は夫からスコップをひったくり、手で土をかき分けた。出てきたダイコンはめった刺しだ。私はそれを夫の鼻先につきつけ、命令した。

「すぐ目印をつけなさい！」

数日後、ついに雪が降った。

夜になっても降り続く雪を見ていたら、私は野菜が心配でたまらなくなった。

1 この冬初めての雪で、畑は埋まってしまいました。
2 ペンギンの足跡です。
3 こっちはユキヒョウ。ああ、ライブカメラを仕掛けたい。

イチゴ、タマネギ、ニンニク、エンドウ、畑には春を待つ冬越し野菜がたくさんいる。

翌朝雪がやむと、私はたまらず畑へ向かった。農園へと続く坂道に、何やら足跡がついている。

「これはペンギンで、これはユキヒョウ。こっちはヘラジカだな」

私には、重度の空想癖がある。

「そして人間の足跡は、ひとつもない。ということは、私がこの雪原を歩く最初の人類だ。ぬはははは！」

しかし、笑っていられたのはそこまでで、畑に着いた私は呆然とした。

何もかもが雪に埋まっている。どこまでが自分の区画なのかわからない。かろうじて見えるのはニンニクの葉の先端だけ。ブロッコリーとエンドウには、寒さよけのネットをかけていたが、それも雪をかぶってぺちゃんこだ。

「大丈夫だ。いま助けるよ！」

私は手袋もせずに、つぶれたネットを起こしにかかった。

「お、重い……」

どうにか立て直してネットの中をのぞくと、中でブロッコリーの株が倒れている。

ネットをはずしてこれを立たせる作業はつらそうだ。

「それよりニンニクだよ」

どこが畝かもわからぬ畑をおそるおそる歩き、ニンニクのもとにたどり着くと、積もった雪を手でかいた。でも待てよ。

「野菜は雪に埋まっていたほうが暖かいのかな？」

よけた雪の塊を、またニンニクに乗せてみる。

「いや、やっぱり冷たいよね」

また雪を払ってやる。

どうしてよいやらわからない。聞きたくても、農園には人がいないのだ。積もった雪は音を吸収するというが、あまりの静けさに、私は恐ろしくなってきた。

「人類が滅亡した地球って、こういう感じなのかな」

いらぬ空想が頭を巡る。

「……帰ろ」

私は、野菜たちを見捨てて、雪原から逃げ出した。


「早く春が来るといいのに……」

そうつぶやいた自分に驚いた。花粉が飛び、人々が浮き立つ春は、一年でもっとも嫌いな季節なのに。

「春は来るでしょ？」

窓の外を見ながら、夫に聞く。

「来るよ」

「どのへんまで来てる？」

「まだ遠くだよ」

イチゴもエンドウも、厳しい寒さに耐えてこそ花芽をつけ、ニンニクやタマネギは、冬を越えて日が長くなると、それを感じて太り出すそうだ。死んだように見えるハーブたちも、また息を吹き返すのだろうか。そんな時が来るなんて、まったく信じられない。

ともかく、いま私にできることはひとつだ。畑の野菜たちに思いを寄せ、布団にくるまって寝ていよう。

◉菜園の豆知識
干しダイコン
ダイコンは、干して保存することもできます。我が家では、冬になると、市販の干しネットにダイコンを切って並べ、物干し竿にぶら下げます。細く作るのもいいですが、厚めに切って干すのも好き。完全に乾いたら、袋などに乾燥剤と一緒に入れておきます。干し野菜はうまみが凝縮するので、戻して煮物にするととてもおいしいのです。

上　寒さはダイコンをおいしくします。
左　これ、三浦大根なんです。60センチにもなる品種だということは、この際忘れましょう。

出ていって！　あなたがとても好きだから

「おかしいな。なんでだろ？」

2月のある日、道具や肥料をしまってある一角で、夫がぶつぶつ言い出した。

「ここが米ぬかだらけなんだよ」

精米したときに除かれる米ぬかは、野菜作りの肥やしになる。うちではそれを何キロも買って、堆肥の空き袋に保管していた。

「袋が破けてるんじゃないの？」

「そうかなぁ」と言いながら、夫は袋を持ち上げた。

「ありゃ、穴があいてるよ」

中の米ぬかを食べるために、あけたような穴だ。

「虫かな？」と、夫が首をひねる。

「いや、これはつついた穴だよ。鳥が食べたんだよ」

「シートをかけてるのに、どうやって鳥が入るの？　ひどいね。こんなに散らかして」

夫は袋をどかし、その下に敷いてあったビニールシートをつまみ上げた。

「ん？　なんだこれ？」

シートの下の土に、何やら凹みができていた。次の瞬間、

「あっ」

ちょろちょろと小動物が走り出ていったのだ。

「ネズミだっ！」

町のネズミではない。田舎のネズミだ。東京の繁華街にはネコかと思うほど巨大なネズミがうろついているが、それとはまるで違う。

「かっわい〜！」

初めて見た野ネズミの愛くるしさに、私は身をよじった。

「わ〜い、私の畑にネズミさんが住んでるよ〜！」

ところが夫は暗い顔だ。まずいものでも見たように、つまんでいたシートを戻した。

「ネズミは、害獣ですよ」

「害獣？　ありえないよ。あんなにかわいい生き物が、悪さなんてするわけない」

「いいえ、ネズミは害獣です。いい？　ご近所さんには秘密だよ。見かけただけなら ともかく、こうしてうちに巣があるんだから」

私はポケットからスマホを出すと、畑のネズミについて調べた。

「ネズミは根菜をかじったり、根を食べたり、ろくなことがない。生まれて3か月もすると性的に成熟し、爆発的に増える」などと書いてある。

「どうにかしないと」と夫は言う。

「どうにかするって、どういう意味？」

「駆除しないと、大変なことになる」

駆除ってどういうこと？　アブラムシをつぶすみたいに、あんなかわいい子を殺すっていうのか？

「あなたも見たでしょ？　ほとんどジャンガリアンハムスターだよ！」

我が家ではかつて、ジャンガリアンハムスターを飼っていた。巾着ナスの漬け物に似ていたので、その名も「こなす」。通称「なっちゃん」である。

「なっちゃんを駆除するなんて、できるわけないよ！」

「じゃあ、お隣に見つかったら、『これはネズミじゃありません。ジャンガリアンハムスターです』って言うの？」

私は必死にネット検索を続けた。しかし、「かわいいので畑で飼ってます」という好意的な意見はひとつもない。「殺鼠剤で殺せ」「フォークで串刺しにしろ」という、敵意ばかりが並んでいる。

「串刺しはいくらなんでもひどいよ」

そう言って夫が出した案は、「ネズミ捕りで捕まえて、水責め」というものだった。

「ぜったいにいやだ!!」

私は泣いた。

「でも、出ていってもらわないと困るよ。春になって繁殖したら、わんさか増えるぞ」

右　ネズミが食い破った袋です。中の米ぬかを食べたのでしょうか。
左　これはいったい、誰の仕業？

私は、畑じゅうに子ネズミが歩き回る様子を思い浮かべた。それはまずい気がする。だってそんなことになったら、

「……巣がどんどん広がって、ご近所の地下まで伸びるよね？　クチトンネルみたいになるよね？」

「すごい例えだけど、まあ、そうだね」

クチトンネルは、ベトナム戦争のときに南ベトナム解放戦線が掘った地下要塞だ。映画『プラトーン』を観た人なら、エリアス軍曹がトンネルに踏みこむ緊迫したシーンをご存知だろう。

ベトナム好きの私は、ホーチミン近郊にあるこのトンネルに、人生で三度入っている。そのうち一度は夫も一緒だった。観光用に内部を広げてあるものの、しゃがんで通るのがやっと。真っ暗闇を手探りで進まねばならず、アメリカ人観光客を顔面蒼白にさせる、恐ろしいトンネルだ。

クチトンネルは全長250キロにも及ぶそうだが、うちのネズミの巣から隣の畑までは最長でも10メートルしかない。ネズミは解放戦線の皆さんよりはるかに穴掘りがうまそうだから、あっというまに到達するだろう。夫は言った。

「そんなことになったら、うちがネズミの生産地になっちゃうんだよ。ご近所さんに農園から出てけって言われるぞ」

「それは困るよ」

「だろ？　巣を破壊しよう。その前に、ネズミには立ち退いてもらわないと」

「どうやって？」

「こうして人間に会っちゃったわけだから、家族会議を開いて、自分たちから出ていくさ」

かの有名な『借りぐらしのアリエッティ』も、そうやって出ていったと夫は言った。

「ネズミッティもきっと引っ越しするよ。それまで1週間だけ待とう」

その日から私は、昼も夜も畑のネズミを思い、本棚から『14ひきのひっこし』という絵本を取り出して読んだ。

いわむらかずおさんの傑作絵本で、14匹のネズミの家族が、森の奥のすてきなおうちへ引っ越しするお話である。うちのネズミが何匹家族かは知らんが、この物語のように新天地を探してほしい。


1週間後、ついにその日がやってきた。

夫は、ストッカーや堆肥袋などをそっとどかし、その下のビニールシートに手をかけた。私は両手を合わせて、天を仰いだ。

「神様、どうかネズミが引っ越ししてますように！」

「開けるよ」

夫はそう言うと、シートをすべて取り払った。

「うっ……！」

たまげた。現れた巣の全貌は、小さなネズミからは想像もできないほど広かったのだ。横幅は150センチを超え、意外にも間取りは1LDKだ。リビングはベッドルームを兼ねていて、農業用ビニールとその紙管を細かく裂いて布団にしている。四方に伸びる廊下には、ほわほわと暖かそうな未知の素材が敷いてある。廊下の先には地中へ続くトンネルがあり、その奥は防空壕だろうか。

と、そのときだ。

「あっ！」

どこからともなくネズミが現れ、まさにその防空壕へ逃げこんだ。

「引っ越ししてなかったー！」

私は泣きたくなった。

「しかたない。捕獲しよう。そうすれば危害を加えず、林に逃がせるから」

そうだ。ネズミの命を救うには、それしかない。私はネズミが入るように片手にバケツをかまえながら、防空壕を少しずつ掘っていった。すると、

「わわっ！」

追いつめられたネズミが突然飛び出してきたのである。まさに「窮鼠猫をかむ」だ。かみつきはしなかったが、時速200キロくらいのすばしっこさで逃げ回り、ついには、隣のO野さんの道具小屋の下に逃げこんでしまった。

私は呆然と立ち尽くした。

「かわいい……。目がくりくりだったよ」

しかし夫は冷静だった。しばらくネズミの家を調べていたが、やがて、「1匹しかいないみたいだね」と、立ち上がった。

「よし、巣を壊そう!」

そう言うと、ためらいもせず、主のいない家にスコップをつきさしたのだ。きっとネズミはここに帰ってくる。そして、愛しの我が家が、跡形もなくなっていることを知るのだ。

せっせと材料を集め、苦労して作った家に違いない。結婚を決めた彼女がいて、「春になったらプロポーズして、この家でたくさん子どもを育てるんだ」と、夢を抱いていたことだろう。私なら、仕返しに畑じゅうの野菜を食ってやるよ。

しかしネズミは、それきり畑には戻ってこなかった。

それからしばらくたったある日のこと。

「うちの道具箱の下に、ネズミがいるみたいなんだ」

斜め隣のM島さんが突然そう言ったので、私は心臓が止まりかけた。うちから引っ越したネズミに違いない。夫も、「バレたら大ごとだ」という顔でこちらを見る。ところが、それを聞いた農園の仲間たちは、「へ〜」と言うくらいで、怒りも騒ぎもしなかった。

上 この出来事以来、畑でネズミの穴らしきものを見かけると、歓迎の飾りつけをしています。
下 ネズミッティのスイートホーム。この広さに一人暮らしでした。

「なんだよ、ネズミがいたって、いいみたいじゃないか。こんなことなら、うちの畑で飼うんだったよ」

私は小声で夫に文句を言った。

「いいわけないでしょ。ネズミは害獣だよ」

害獣だってかまわないよ。以来私は、ネズミッティの帰りを待ち続けている。

そしてまた春

何がなんでも体でやりたい

2月半ばの週末、私たちは朝からそわそわしていた。畑に牛ふんが届くからだ。ホームセンターで、大金はたいて牛ふん堆肥を買ってから1年。ついに、例の「軽トラ1台2000円の牛ふん」を、購入する日が来たのである。

数日前、ピザでも注文するように、夫は乳牛農家へ電話をしていた。

「軽トラ2台分お願いします」

これまでさまざまな品を配達してもらってきたが、むろん、牛ふんは初めてだ。約束の時間より早く畑へ行き、受け入れ場所を確保して農家を待つと、やがて軽トラが坂をのぼってやってきた。

「わわわ、すごーい！」

荷台に積まれた牛ふんの量に、圧倒される。

「おはようございます。金田さんですか？」

「そうです！　きょうはありがとうございます」

車からおりた農家のおじさんと挨拶を交わす。

「これをおろしたら、いったん帰って、もう1台分お届けしますね」

おじさんは、受け入れ場所に車のお尻をつけると、さっそく納品を開始した。

ウィーンという音とともに、軽トラの荷台が上がっていく。

「ほーっ！　軽トラって、こんな性能があったんだね」と驚く私に、夫は言った。

「いや、これは特別な軽トラですよ」

その声が何やら変だ。予想以上の牛ふんの量に、怖気づいているらしい。

その間も、牛ふんはモーモーと湯気をたてて、荷台を滑り落ちる。

「すごいすごい、ふんの滝だ！」

興奮して歓迎の舞を踊っていると、夫がすり寄ってきた。

「やっぱり2台は無理だ。多すぎるよ」

「何言ってんの？　2台もらうよ。たったの4000円なんだから」

ところが夫は、私に断りもなく運転席に駆け寄り、おじさんにこう告げたのだ。

「すみませんが、きょうは1台分でいいです。もう1台は、少し考えさせてください」

「はいはい、かまいませんよ。いつでも電話してくださいね」

空になった軽トラが、坂を下って帰っていく。あとに残された牛ふんの山に、私は改めて感動した。

「これがたったの2000円か。安いなぁ」

こんな満足感を味わった買い物は初めてだ。

「もうひと山欲しかったのに」

2	1
	3

1　これで2000円。おかげで春の服が買えました。
2　「畑は無料のスポーツジム」だそうです。
3　ミスターBの牛ふん山に登頂！

にらみつけると、夫は「一輪車を借りてくる」と、ミスターBの区画へ逃げていった。牛ふんは、ホカホカと発熱している。ひりたてだからではなく、発酵中なのだ。意外にも、臭いはまったく気にならない。私は、牛ふんの山にそっと触れてみた。

「あったか〜い。こりゃあ極上だよ。ハイジの干し草ベッドなんて、比べものにならないね」

そう言って笑っている私に気づくと、夫はすごい剣幕で怒鳴った。

「すぐに手を洗ってきなさい！」

そしてぶつぶつ怒りながらも、畑の隅に板で長方形の囲いを作った。そこに牛ふんを運び入れ、シートをかけて完熟を待つ。完熟しないと、堆肥としては使えないのだ。

「いいベッドができたね」

牛ふんの入った囲いを眺め、私は夫に言った。

「喧嘩したら、あなたはここで寝るといいよ」

2月末から3月にかけて、菜園家は土作りに大忙しだ。我が畑も、こんな手順で土を耕した。

①スコップで、おおまかに土を掘る。

②苦土石灰をまいて、土が細かくなるまで、クワで耕す。「苦土」はマグネシウムで、「石灰」はカルシウムだ。雨の多い日本は、土が酸性に傾きやすいので、これをまい

て、野菜が育つのに適した土の酸性度にする。
③腐葉土や堆肥を土に加え、さらによく耕して土を肥やす。ひとまずこれで準備完了。タネまきや植えつけの前に、ここに元肥《もとごえ》という肥料を加える。
これをするのはすべて夫だ。私は、「春を探す」と称して遊んでいる。

畑の脇の土手に、フキノトウが顔を出している。畑仲間のおじさんが、「余ったから」と、勝手に植えていったフキだ。私は畑をするまで、フキノトウがフキの蕾だということを知らなかった。しかも、何もない大地にまず蕾が出て、それから葉が出るという育ち方にもびっくりだ。

「春だねぇ。今夜はフキみそだねぇ」

いい香りに酔いしれながら、カゴいっぱいフキノトウを摘んだ。

その間も夫は、土作りに精を出した。畑にいるときはほとんどずっと、土を掘ったり耕したり、モグラかオケラのような日々を送っている。

まだ寒さの残るなか、汗をだらだら流して土を掘る男をあきれて見ていたのは、ミスターBだ。

「なんで耕うん機を使わないんだよ?」

私たちの農園には、畑の大家さんが用意してくれたミニ耕うん機がある。年間1000円を出せばそれが使えるが、夫はそれを拒んでいた。

「手でやっていたら、時間はかかるし、つらいだろ?」

ミスターBが何度言っても、夫の返事はいつも同じだ。

「土作りは何がなんでも体でやると、ぼくは決めているんですよ」

「なんで？」と聞くミスターBに、夫は、「修行です」だの「鍛錬です」だのとこたえる。そのたび私は、「トレーニングというか、メディテーションみたいなものなんだって」と通訳していた。

「メディテーション？　意味がわからん」

ミスターBには、楽しい農園で、わざわざ苦行に身を投じる夫が理解できない。ついに、自分が使った耕うん機を押して、うちの畑へ乗りこんできた。

「ぼくがやってやるから、そこで休んでろ」

そう言うなり、エンジンのレバーを引っぱった。

――ブルンブルンブルンブルン！

動く耕うん機を間近で見たのは、初めてだ。ハンドルを握ると刃が回転し、土へもぐっていく。硬い土も瞬く間に砕き、空気も混ぜこんでフカフカの土にしていった。

そのフカフカ加減は、夫の作る土とはまるで違った。

「これを使えば、100平米の畑くらい、私ひとりでもどうにかなりそうだな」

そう思いながら夫に目を移すと、耕うん機とミスターBの後ろを、とぼとぼとついて回っている。ときおりかがんでは、機械の作った土に触れ、そのやわらかさを確かめていた。機械に仕事を奪われた職人みたいで、なんだかちょっと気の毒だ。

1 | 3 2

1　耕うん機の仕事の早さに、驚いている職人。
2　冬から畑に残っているプチヴェール。丸くならない芽キャベツの仲間です。かきとって収穫します。
3　男の股越しに見る畑って、すてき。

やがて夫は、ミスターBに声をかけた。

「あのぉ……」

「な？　イージーだろ？　すぐに終わるから待ってろ」

「それでもぼくは体でやりたいんですよ」と言えたら、夫の修行も本物だった。

「ぼくにも、ちょっとやらせて」

その日の午後、夫はうれしそうに、耕うん機をかけて回った。その顔は、ニヤニヤ笑いっぱなしだ。

私にはよくわかった。人は、こうして怠け始める。だからこそ、修行が必要なのだ。

●菜園の豆知識
便利な耕うん機
近頃は、家庭菜園用にミニサイズの耕うん機がたくさん売られています。燃料はガソリンのほか、電気式の機種もあります。人気なのは、カセットコンロ用のガスボンベで動く機種。操作や収納も簡単で、家庭菜園家にも使いやすい機種が生まれています。

ハーブがオシャレだなんて、とんでもない誤解

土作りに汗する夫の脇で、私もやっと仕事を始めた。ミントの駆除である。

思い起こせば農園を借りた当初、「畑の4分の1はハーブガーデンにするの」と瞳を潤ませ、ホームセンターでありとあらゆるハーブ苗を買って植えまくった私だ。

イギリス人のミスターBと、初めて長いこと話をしたのも、我が畑のハーブのことだった。農園のメンバーが私の育てる野菜を尋ねるなか、彼だけが、ほかの人は見向きもしないハーブエリアで立ち止まった。

「あれは何?」

ミスターBは、植えてあるハーブの苗を指さした。

「セージ」

「これは?」

「アップルミント。あれがレモンバームで、あっちはレモングラス」

「いいねぇ」

「カモミールとコーンフラワーのタネもまいてあるの。イングリッシュガーデンにしたいんです。でもね……」

私はあまり希望をもてずにいた。大雨のあとに、畑の土から水が湧くという事件が起きたからだ。

水を逃がす溝を作って難を逃れたが、そんな粘土質の土に植えられたハーブたちは、大きくなる気配がまるでない。

「……ここの土は湿ってるから、どれも育たないの」

するとミスターBは、思いがけないことを言った。

「ノープロブレムだよ。ここはイングリッシュガーデンなんでしょ?」

意味がわからずその顔を見上げると、彼はニヤッと笑った。

「イギリスはいつも雨降りさ」

イギリスという国は、もともと土地が痩せていて、生えていた植物の種類もさほど多くなかったらしい。それを、人間が手間と時間をかけて、世界一の庭の国にしていったのだと、何かで読んだことがある。その国の人に勇気づけられ、私は、いつまでたっても土色のこの空間が、大好きになった。

「ここが一面緑になったら、お花とハーブのブーケにして、ミスターBにプレゼントする!」

そう心に誓ったのだ。

ところが。

右　ヤロウ。そのうち「この野郎」呼ばわりするようになります。
左　ミント。オシャレと思ったのが間違いでした。
左ページ　無法地帯となったハーブガーデン。

翌春、私は不機嫌な顔で畑のハーブを引き抜いていた。可憐で控えめだったハーブたちが本性を現し、地下茎を伸ばし、タネを飛ばして、恐るべき繁殖力で増え始めたからだ。

農園のおじさんメンバーたちは、わさわさとしげる畑の一角を指さし、遠慮がちに私に聞いた。

「あのへん、何を植えてんの？」

「ハーブです」

こたえるのも恥ずかしい。

「いろんなハーブですよ」

「ふーん」

口には出さないが、「なんでわざわざ雑草を植えてんの？」という顔だ。

「畑にハーブガーデンを作ろうだなんて、私としたことがろくでもない考えだったよ」

理由は単純。我が家では、ハーブなんてまったく使わないのである。

「そうだろう。ぼくは最初からそう思ってたよ」

夫は以前、カフェでレモネードに入れられた葉っぱを不安げに見つめ、こう聞いたことがある。

「ねえねえ、これって、松葉？」

マツとローズマリーの区別もつかないほど、ハーブとは無縁の生活を送っているのだ。

最初は、私も喜んでいた。自家製ハーブで憧れのオシャレ生活である。カモミールを風呂に入れたり、ミントでハーブティーを作ってみたり。

「う〜ん、いい香り」

でも夫は口元をゆがめて、グラスを置いた。

「ぼく、これは遠慮する。歯磨き粉みたい」

「飲みなよ。ハーブって体にいいんだから。眠れるとか、リラックスできるとかさ」

「いいよ、ぼく。こんなの飲まなくても眠れるし」

夫は布団に入ると、30秒で寝息を立てる男だ。

「口直しに中国茶をいれよう」と言い出した。

我が家は、お茶の類が充実している。どれほどミントがフレッシュでも、100グラム4000円の凍頂烏龍茶にかなうわけがない。

当然のように、私はハーブガーデンの面積を減らした。それでも奴らは、土の中でじわじわと魔の手を伸ばしていく。なかでも最悪なのがミントだった。

早く知っておくべきだったが、ミントは「庭や畑にぜったいに植えてはいけない植物」の筆頭に上がるものだったのだ。

爆発的な繁殖力たるや、ドクダミに勝るとも劣らない。園芸店ではすました顔をして並んでいるが、その正体は、地球征服を目論む恐ろしい集団だ。

「こんな危険をはらんでいるっていう情報はさ、売るときにきちんと書いておいてほ

しいよね」

――スペアミント。1ポット198円。地植えにすると、管理できないほど増えます。必ずプランターで育てましょう―― とかなんとか。

「ミントめ、根絶やしにしてやる！」

私は両手で茎をつかんで引っぱった。ずるずると土から上がってくる根っこが、いいところまで来て、途中でブチッと切れてしまう。

「んもー!!」

残してしまった地下茎は地中に潜伏し、またあちこちから芽を出してしまうのだ。

「んも！ んもー んもー！」

私は汗だくになりながらミントと戦った。喜んだのはN村さんだ。数メートルも離れた場所からこう言った。

「ミント刈ってるの？ いい香りだねぇ」

それにひきかえ、重宝なのが日本のハーブだ。香りのよい有用植物をハーブと呼ぶなら、シソやミツバ、ミョウガなどもハーブだろう。

あるとき、「ミョウガの苗」と書かれた土の塊をJAの直売所で見かけ、教えられるままに畑に穴を掘って埋めておいた。すると、清々しい香りの茎葉が伸びてきて、夏の終わりにミョウガができたのである。

それまで考えたこともなかったが、ミョウガは土から出るのだ。スーパーのパック売

前ページ

2	1
4	3

1 ヤグルマギク。

2 ワイルドストロベリー。ワイルドに増えます。

3 レモングラス。イネ科なので、イナゴが来ました。

4 キンレンカ。葉が蓮に似ています。

	1
3	2

1 すてきなハーブガーデンだったのは一時でした。

2 ガーデンで毎年春に咲くムスカリ。

3 ラベンダー。摘んできて部屋に飾っています。

りのミョウガには土に埋まっていた風情が感じられないので、私はその光景にとても驚いた。

ミョウガは、秋まで出ると、ある日を境にぱたっと顔を出さなくなり、やがて地上部が枯れた。けれど翌年、また清々しい茎葉を伸ばしてくれた。

ミョウガもミントと同じで、地下茎で勢力を伸ばす。私は好きなだけミョウガが伸びられるように、畑の脇の土手に植え替えてみた。

その判断が大正解。草がしげる湿った土が、ミョウガには合ったらしい。

ところが私は、救いようのないバカなのだ。

刈り取ったミントの茎を、その土手に投げ捨ててしまったのである。気づいたときには後の祭り。土手のあちこちにミントが生えていた。ミントは、茎からも根を出し、土に触れれば根づいてしまう植物だった。

いま私の畑の土手では、東西のハーブが熾烈な陣取り合戦を繰り広げている。むろん、ミョウガに勝ってほしい。だが、どう見てもミントが優勢だ。

そうして私は、畑に加えて土手まで、ミントの駆除作業をしなければならなくなった。しかも、ミョウガの根は守りつつ、ミントの根だけを抜き出すという、複雑高度な作業である。

泣きたいよ。

◉菜園の豆知識
寒さに弱いレモングラス

私が育てている数少ないハーブのひとつがレモングラス。大株に育ち、丈夫に見えますが、南インドなどに育つ、寒さに弱いハーブです。防寒対策をとらないと、冬には枯れてしまいます。畑では、植木鉢に植えて置いておき、冬は剪定して家に持ちこむのがよさそう。植物は、その原産地の気候を知って世話することが、とても大切なのです。

早く出たからって、よく育つとは限らない

春の菜園の植えつけは、ジャガイモから始まる。2月も半ばを過ぎると、農園のメンバーはそわそわし始め、こんな質問が挨拶がわりになる。

「タネイモ買った？」「いつ植える？」「どこに植える？」「何キロ植える？」

1年目はジャガイモを植え損ねたが、2年目はぬかりがない。タネイモもすでに買ったぞ。男爵薯とメークインを1キロずつ。男爵薯のタネイモは12個、メークインは9個入りだった。

「もっといろんな品種を植えないの？　『インカのめざめ』とかさ」

タネイモを買いに行ったホームセンターで、あれこれ手に取る夫に、私は首を振った。

じつは、ジャガイモがさほど好きではない。

「男爵とメークインがあれば、事足りるよ」

ジャガイモの原産地はアンデスの高地だ。それにちなんで、「インカ」なのだろうが、いったい何が目覚めるのだ？

「インカのめざめは、栗みたいにおいしいんだって」

「だったら栗を食べるよ。ジャガイモはおやつにならないし、ごはんのおかずに炭水

2	1
4	3

1　ジャガイモは芽を出してから植えつけます。
2　希望に満ちて並ぶ男爵たち。
3　芽がたくさん出るので、2〜3本残して抜きます。
4　できたイモが露出しないように、ときどき土を寄せます。

化物を食べる気にも、ならないんだよね」

「じゃあ、ジャガイモを主食にすれば？」

「冗談やめて。ここはインカ帝国じゃないよ」

タネイモと向き合うのは、初めての経験だ。悲しいほどしなびている。このイモがスーパーで売られていたら、ぜったいに買わない。こんなイモに、子イモを作る力がほんとうに備わっているのだろうか。

「タネイモは、芽出しをしておくといいよ」

お隣のN村さんが教えてくれた。

「暖かい窓辺に置くと、芽が出るんだ。それから植えつけると、発芽が早いんだよ」

「卵パックを使うといいぞ」と言ったのは、ミスターBだ。

「芽が出るまで、卵のパックにポテトを並べておくんだよ。イギリスではポピュラーなやり方なんだ」

「かわいい！　それやる！」

にわかにタネイモに愛情がわいてきた。さっそく卵を買って帰り、卵はザルに移して、空いたパックにタネイモを並べる。

おかしいな。

「ぜんぜんかわいくないんだけど」

「イギリスのパックは、プラスチックじゃなくて紙製なんだよ」と夫が笑う。

がっくりだ。合計21個だから2パックじゃ足りないと3パック買ったのだが、ひとつのパックの上下で20個置けることにも、やっと気づいた。

「これから毎食、卵を食べるんだね」と、夫が嫌味を言う。

つらいけど、問題ない。卵は、ごはんのおかずになる。


3月中旬、ついに植えつけの日だ。畑に運んだタネイモは、晴れの日を迎えて、どことなくシワが伸びて見える。

せっかくなので、ジャガイモの作り方を紹介しよう。ビギナーでも簡単に作れる野菜のひとつだ。

①畝に、深さ10センチほどの溝を掘り、30センチほどの間隔をあけてタネイモを並べる。イモとイモの間に、肥料を置く。世の中には、「ジャガイモの肥料」という商品が売られていて便利だ。うちは、夫が有機質の肥料をブレンドしている。
②子孫繁栄を願いながら、土をかぶせて溝を埋める。水をやる必要はない。
③やがて芽が出る。この時期農園では、誰のジャガイモに芽が出たか、メンバーがチェックしている。「N村さんのジャガイモは芽が出たよ。金田さんちはまだだね」などと言われ、軽く落ちこむが、早く出たからといって、よく育つとは限らない。おっぱいの成長と同じだ。
④芽はいくつも出る。伸びてきたら、元気のよいものを2~3本を残して、残りを

引き抜く。たくさん出る芽をそのままにしておくと、イモが大きく育たない。タネイモまで一緒に抜かないように注意。

⑤たまに肥料をやるが、水は雨まかせ。できたイモが地上に露出しないよう、ときどき根元に土を寄せる。ジャガイモは、光に当たると表面が緑色になる。緑化したジャガイモは毒をもち、食べると食中毒をおこす。

⑥やがて花が咲く。愛らしい花で、品種によって少しずつ違うのも楽しい。ジャガ

上　メークインの花。品種によって花も少し違います。
下　右がメークインで、左が男爵です。
左ページ　イモ掘りは楽しい！

イモはかつて、花を観賞する植物だった。

⑦ そうこうするうちに、葉や茎がしおれてくる。それがイモの出来上がりのサイン。3月半ばに植えつけて、6月半ばに収穫を迎えたというわけだ。

「イモはおもしろいなぁ」

ゴロゴロ出てくるジャガイモに、夫は大喜びだ。

男爵薯は124個、メークインは113個。1個のタネイモが10個以上に増えた計算だ。私も、まあうれしいけれど、これから237個ものジャガイモを食べるのかと思うと、正直気が滅入る。

その日私たちは、帰宅するとすぐに男爵薯を茹で、バターをぬって食べてみた。驚いたなんてもんじゃない。やわらかで、口の中でほろほろと崩れていく。私の知っているジャガイモとは、味も香りもレベルがまるで違っていた。

「掘りたてのジャガイモって、こんなにおいしいんだね」

「もうぼく、ジャガイモが主食でいい!」

この味なら続くかもしれない。この際しばらく、インカの民として暮らしてみようか。その日から我が家では、ふかしイモやマッシュポテトが主食になった。おいしい。たしかにおいしい。けれど3日目には、私の胃腸が訴え始めた。

「もうイモはいい。米をくれ」

●菜園の豆知識
ジャガイモはナスの仲間

「イモ類」と言いますが、ジャガイモはナス科、サツマイモはヒルガオ科、サトイモはサトイモ科で、それぞれ違う植物です。ジャガイモは、ナスやトマト、ピーマンなどと同じ仲間。どれも花の形が似ています。花のあとに実ができることがありますが、ミニトマトにそっくりです。毒があるので、食べることはできません。

久しぶりに食べたつや姫のうまさに、絶品の新ジャガも、あっさり負けたのだ。

にもかかわらず、私は翌年からジャガイモの作付け量を増やした。それにはこんな理由がある。

ジャガイモを掘って帰った日、駐車場で近所のご夫婦に会い、イモをどっさりおすそ分けしたのだが、しばらくして、思いがけないことが起きたのだ。玄関の呼び鈴が鳴ったので出てみると、ジャガイモをあげた奥さんが立っていた。

「先日は、おいしい新ジャガをありがとうございました。これ、よかったらどうぞ」

彼女がさし出したものを見て、私は仰天した。

「メ、メロン⁉」

しかも立派なやつだ。聞けば、ご実家が農家で、メロンを栽培しているという。

「いやいや、ジャガイモとメロンじゃ、釣り合いませんよ！」

「いいえ、私はジャガイモのほうがうれしいんです」

うそだろ？　と思ったが、これは幸いだ。

「だったらいくらでも持っていってください」と、私は彼女にさらにイモをあげた。

それにしても驚いた。ジャガイモがメロンに化けるだなんて。

以来私は、ジャガイモをたくさん育てるようになった。できたイモを、あちこちに配るために。そのうちのどれかが、キャビアやズワイガニや松阪牛になって、返ってこないとも限らない。

なんという美しさ！
どうしてお店で売らないの？

春、畑で思いがけないものができた。

コマツナなのだが、コマツナと呼んでいいものやら。コマツナの蕾である。とり逃したコマツナから何やら元気な茎が伸びてきたと思ったら、その先に蕾がついたのだ。植物だから当然だろう。しかし、お店で売られるコマツナしか知らなかった私は、この菜っ葉に花が咲くなんて、蕾を見るまで考えもしなかった。

「蕾は、とってもおいしいよ」と、お隣のO野さんが言う。

「食べるんですか、これ？」

「菜の花と同じ。先を摘んで、おひたしとかで食べてごらん」

摘んでみると、とても柔らかで、はさみを使わなくてもポキポキと折れる。さっそくその晩、さっと茹でて辛子醤油で食べてみた。

「んー！」

あまりのおいしさに声が出てしまった。菜の花のようなほろ苦さはなく、甘くて香り高い。自分で育てていなかったら、この味を知らないまま死んでいたのか。

「おいしいねぇ。驚いた」夫も箸が止まらない。

右　コマツナの花です。
左　コマツナの蕾。これが食べたくて、いまでは収穫せずに春まで残しているほどです。

「コマツナよりずっとおいしいね」

いや、これもコマツナだから、正しくはコマツナの葉よりもおいしいと言うべきだが、なぜこれが市場に出回らないのか不思議でたまらない。コマツナは蕾がうまいと世間に知れると、JAにとってまずいことでもあるのだろうか。

コマツナだけじゃない。ハクサイ、タアサイ、カブなど、植えっぱなしで春を迎えたアブラナ科の野菜は、みな蕾をつける。どれもおいしくて、おまけに貴重だ。味わえるのは春先のほんの短い時期だけだから。


しばらくすると、農園のあちこちが、黄色に色づき始めた。とり残したアブラナ科の野菜が開花したのだ。春風に乗って甘い香りが漂い、花粉や蜜を求めてミツバチが飛び交う。

アブラナ科の野菜は、ダイコンやルッコラなど白花もあるけれど、ほとんどに黄色い花が咲く。「菜の花」とは、アブラナ科の黄色い花をひっくるめてそう呼ぶのだと、初めて知った。

コマツナの花もミズナの花も、チンゲンサイの花も、どれもみんな菜の花だ。

春の情景を歌った唱歌『朧月夜』には、「菜の花畠に入日薄れ」と菜の花畑が描かれる。あの「菜の花」にも植物名があるはずで、気になって調べてみたら驚いた。

詩を書いた国文学者の高野辰之は長野県生まれ。なんと、あの菜の花畠は、野沢菜の畑だったらしい。

野沢菜はおいしい。醤油漬けも塩漬けも大好物だ。でも、「野沢菜畑に入日薄れ」でなくて、ほんとうによかった。


その頃、また別の野菜が咲いた。初めて見たときは、あまりの美しさに心底たまげた。これはもはや、野菜じゃない。

「どうしてこれを花屋さんで売らないのかな？」

黄色一色の花、花弁の外側は白色になる花、それが混ざって次々と咲く。シュンギクやキクナと呼ばれる、キク科の野菜だ。

「名前がシュンギクじゃ、花屋さんでは売れないでしょ」と夫が言う。

たしかに販売促進に名前は大事だ。学生時代、バイトをしたファミリーレストランで、店長からこんな指導を受けたことがある。

「お客様からフィッシュフライの魚は何かと聞かれたら、『欧米で人気のキャットフィッシュです』とこたえてください」

「キャットフィッシュって、どんな魚ですか？」と尋ねると、店長はこう言った。

「ナマズです。でも、そうはこたえないように」

ナマズのフライだと知ると、お客が食べたがらないのだという。

こういうことはよくあるのだろう。エビの「ブラックタイガー」だって、じつは通称

右段上から　シュンギク、クウシンサイ、ミョウガの花。
左段上から　ニラ、オクラ、ソラマメの花。
上　菜の花を帽子にさして、藁人形に釘を打つ人になってみました。

で、正式な名前は「ウシエビ」だ。

でも、シュンギクはそのままでいいんじゃないか？　冬が旬なのに「春菊」と呼ばれるのは、春に咲く美しい花がこの野菜の魅力だからだろう。

「でも、シュンギクのブーケじゃ、鍋や胡麻和えを連想しちゃうよ」と夫は言う。だったら、英語やフランス語でかっこつけるしかないか。私は、ミスターBに「この花、英語でなんて言うの？」と聞いてみた。

「おお、ラブリーなデイジーだな」

シュンギクは英語でcrown daisy　と言うらしい。「王冠のデイジー」なんて、この花にぴったりだ。


スーパーで野菜を買っていた頃、私は、それが植物だということを忘れていた。野菜はどれも生きていて、開花期は、その一生で最も輝いている時期だろう。それに気づいてから私は、収穫期と同じくらい花を待つようになった。

ソラマメやエンドウなどマメ科の花は、チョウのように愛らしい。オクラは、同じアオイ科のフヨウやハイビスカスに似た、大輪で優雅な花を咲かせる。

クウシンサイの花を初めて見たときは、美しさに息が止まった。ヒルガオ科だけに、アサガオやユウガオにそっくりだ。緑の葉の海に白く浮かぶ花弁は、とても幻想的で、育てたことのない人には、この花がニンニク炒めになるあの野菜とは、決してつながらないだろう。

トマトもナスもキュウリも、花が咲かなければ実はならないし、ダイコンもゴボウもホウレンソウも、花が咲かなければタネはできない。野菜は、人間に食べられるために生きているのではなく、子孫を残すために命をかけているのだ。

そして私は、その命を奪って生きている。

せめてもの罪滅ぼしに、菜の花一輪見ただけで、コマツナかチンゲンサイかわかるレベルになりたいよ。

◉菜園の豆知識
F_1種の野菜
いま日本で売られる野菜は、ほとんどが「F_1」種。見た目が良く、病気に強いなどの性質が出るのは一代限りで、タネをとってまいても、同じ性質が次世代に伝わらないのです。売られているタネにも、F_1種が多くあります。菜園家の中には、「固定種」「在来種」と呼ばれる昔ながらの品種を育てる人もいます。

人生二度目の「囲みたい症候群」

「今年はスクエアフットガーデンで野菜を作るよ！」

夫は、また始まったかという顔で、「それはいったいなんですか？」と聞いた。

「レイズドベッドで、スクエアフットガーデンだよ。これを見ればわかるから」

夫をパソコンの前に座らせると、私はある動画を見せた。そこは、アメリカのとある家の庭。一角に、木枠で四角く囲んで土を盛った、上げ床(raised bed)の畑が作ってある。内部はロープでいくつかの区画に分けられ、それぞれ違う野菜が植えられていた。その畑の前にビキニを着た幼い女の子が立ち、ポーズを決めてこう言うのだ。

「This is our square foot garden.!」

そして、何がどこに植えてあるのか、カメラに向かって紹介していた。

冬のあいだ、私は動画サイトで欧米の菜園家の野菜作りを見るのに夢中になり、またもオシャレな畑に目覚めたのである。

「こうやって囲みを作って、その中に野菜を少しずつ多種類植えるんだよ。それで私も彼女みたいにやっちゃうわけ。This is our square foot garden.!」

「ビキニ着て？」と、夫が不快そうに聞く。

右　木工仕事は、相変わらず手抜きです。
左　小さなスペースでもいろいろ育てられて楽しいですよ！

「いや、それは着ないけどさ」

「こんな囲い、意味ないよ」

「いやいや、これはすばらしいアイデアだよ。雨が降っても、囲っておけば土が流れていかないいんだから。せっかくあなたが耕した土を、私は守りたいんだよ」

ここはうまく丸めこまなければ。実際に上げ床を作るのは夫なのだから。

週末、私たちはホームセンターで米杉材を買い、畑へ運びこんだ。

「また金をかけて、何を買ってきたんだ？」

ミスターBがあきれている。

「まあ見てなさいよ。すごいものを、作っちゃうから」

私はワクワクしていたが、夫はニコリともせず、ハーブガーデンの脇に、１８０×90センチのベッドをあっというまに作った。早いのも当然だ。「どうせすぐに飽きるから、解体しやすいようにしておく」と、釘は使わず、外側に杭を打っただけだった。

「中の土がいっぱいになれば、木枠は自然と安定するよ」

「よしよし、それでいいよ。あとは自分でやるから」

めずらしく自らクワを振り、私は囲いの中を耕した。ところが、

「おかしいな。土がぜんぜん足りないよ」

「そりゃあそうでしょ。上げ床になって高さが出たんだから、そこにあった土だけで足りるわけがない」

夫はケラケラと笑った。

「じゃあ、ほかの畝からもらうね」

「だめだよ！」と怒り出す。

「だったら、隣の畑から盗むしかないんだよ。どうするの！」

私はふてくされて囲いの中に立っていたが、やがて妙案を思いついた。なんのことはない、ホームセンターで園芸用培養土を数袋買ってきて、囲いの中に投入したのだ。おまけに、冬に長野で買っておいたソバ殻堆肥も大量に加えてかさ増しした。おかげで土は、フカフカを通り越して、カッサカサだ。

それでも私は大満足で、その上げ床畑に紐を張り、12分割した。そして区画ごとに、ラディッシュやミニキャロットなどのタネをまき、ワサビ菜やミニトマトなどの苗を植えたのだ。


その春、私はどういうわけか、畑を囲みたくてたまらなかった。

ルバーブとアスパラガスを植えたエリアも、それぞれ囲んだ。一度植えたら何年も収穫できると聞き、囲めば、冬でも彼らの居場所がわかると考えたのだ。

「囲みたい症候群だね」と夫が言う。

「うん。二度目だね」と私も認めるしかない。

畑を借りて間もない頃、私は、自分の区画を塀で囲みたくてたまらなかった。農園の人づきあいが不安で、塀に守られたかったからだ。ある日、畑の中に人が歩いた形跡を見つけると、その思いは頂点に達した。

「誰かが私の畑の中を通っていったんだ。どうしよう!」

『立ち入り禁止』と看板を立てるのは角が立つ。悩んだ末、私はこの上ない解決策を思いついた。区画の中央に作った十字路の入り口4か所に、花を植えたのだ。

「私を踏み越えないでね」と、花の愛らしさを借りて表現してみたのである。本心はもちろん、「この先入るな」なのだが。

駅のトイレによくある、「きれいに使っていただいて、ありがとうございます」という貼り紙と同じだ。真意は「汚すなよ」だが、優しい感謝の言葉で人の良心に訴えかけ、その気にさせる作戦だ。

その翌日、花に守られた区画で作業をしていると、背後に何やら気配を感じた。ハッと振り返ると、ちょうど花の前に農園のメンバーさんが立っていた。

「かわいいお花を植えたんですね」

「は、はぁ」と笑ってみせたのだが、あとが続かない。まさか、「そこから人が入ってこないように、花を植えてバリアにしてるんです」とは言えないし。思わず出た言葉が、我ながらすばらしかった。

「まだ何も野菜を植えていないので、さびしいものですから」

世の中に、これ以上の「とっさのひと言」があるだろうか。

2	1
4	3

1 ラディッシュはタネまきから収穫まで約20日。だからハツカダイコンです。

2 スナップエンドウとキヌサヤの混植。冬を越して、実りました。

3 ルバーブ。ミスターBの大好物です。

4 アスパラガスが芽を出しました。若いうちは細いですが、年齢を重ねると太くなります。

「これから楽しませていただきますね」と言いながら、そのメンバーさんは、にこやかに去っていったのである。

しかしだ。同じ「囲みたい症候群」でも、あの時と今回とでは、大違いだ。

当時の私は、人を避けたいという、いわば「ネガティブ囲みたい症候群」だった。けれど、その春の囲みたい衝動は、畑を楽しみたいという思いから生まれた、「ポジティブ囲みたい症候群」なのである。

その証拠に私は、ルバーブとアスパラガスの二つのエリアに、すてきな名前をつけた。

「ルバーブの丘」

「アスパラの里」

今どきの霊園みたいな名ではあるが、悪くない。

ちなみに「アスパラの里」は、夫の案を採用した。意外とセンスがよいのでほめると、すぐに白状した。

「たけのこの里をまねしたんだよね」

やがてスクエアフットガーデンは大いにしげり、見た目も楽しいエリアに仕上がった。

「ワーオ！　ナイスアイデアだな」

ミスターBも、出来栄えに感心している。

「でしょう？　This is our square foot garden!」

スクエア（正方形）じゃなくて、レクタングル（長方形）だけどね。

◉菜園の豆知識
上げ床畑のメリット

地面より高い位置で野菜を育てられるレイズドベッドガーデンは、日当たりや水はけがよくなるメリットがあります。小さなスペースでも野菜を育てられますし、内部を区切って多種類の野菜を作ることもできます。上げ床を高く作れば、腰をかがめずに作業ができるので、畑で汚れるのはいやという人でも、この野菜畑ならきっと楽しめますよ。

「今年はどんな野菜を育てようか？」

想像すると心が躍る。

思えば私は、妄想はしても、未来を本気で思い描くことのない人間だった。

野菜を育てることは、未来を信じることだ。この大地が緑に輝く日を想って、ひと粒のタネをまく。アブラムシやハクビシン、日照りや台風、さまざまな試練が私たちを襲うだろう。それでも実りを信じて世話をすれば、きっと野菜はこたえてくれる。

「お店で売っていない外国の野菜とかも作りたいな！」

「なんでもいいけど、計画的にやってよね」

太陽と大地の間で、振り上げたジョウロの水に、小さな虹が輝いた。

おわりに

畑では、秋にシソの実がとれます。それをカゴいっぱい摘んできて、我が家では毎年シソの実漬けを作ります。梅干しを漬けたときに上がる真っ赤な梅酢に、シソの実を漬けるのです。梅酢は、農家さんから買ったものですけどね。

今年もある秋の晩、床に新聞紙を敷いて、私は山のようなシソの穂から実をほぐし、隣で夫は、小布施から届いた栗をむいていました。

「ねえ、シソの実をほぐしてるときって、いつも栗をむいてるよね」

そう声をかけると、夫は鬼皮をはぎながら、「うん。毎年同じだね」とこたえました。

「毎年同じ時期に、同じことを繰り返すのって、いいよね」

虫の音と、むせ返るようなシソの香りに包まれて、私は心からそう思っていました。

野菜作りは、毎年同じことの繰り返しです。春のエンドウ、夏のトマト、秋のサツマイモ、冬のダイコン。以前の私なら、一年が決まりきった仕事で回ることなど、退屈だと一蹴したでしょう。楽しさは、非日常や刺激の中にあると思いこんでいた気がします。けれど畑を始めてから、私は、季節の流れに沿った繰り返しの生活を、楽しく心地よいと感じるようになったのです。

秋に落ちたシソのタネが、春になれば自然と芽を出すように、毎年毎年、時がくれば同じことが巡ってくる。そんな営みの中にいることが、今はこの上なく安らぎます。光も風も、植物も虫も、四つの季節では分けきれないほど細やかに移ろい、そこにはやっぱり「その年らしさ」があることも、畑が教えてくれました。そんな感度をもてたことは、畑を始めた一番の収穫でした。

菜園家になって10年。書き留めていた畑の記録が、やっと本になりました。編集をして下さった農文協の西尾祐一さん、美しいイラストを描いて下さったRARI YOSHIOさん、すてきな本に仕上げて下さった山口美登利さん、私たちの写真を撮って下さった佐藤駒夫さんに、心より御礼申し上げます。畑の大家さん、農園仲間の皆さん、楽しい時間をありがとうございます。ズボラな私を支えてくれる夫にも感謝！　あなたがいなければ、畑はとっくに耕作放棄地でした。そして何より、実りをもたらしてくれる太陽と地球、畑を豊かにしてくれる生き物たちにお礼を言いたいです。幸せをありがとう。

2017年　冬

金田　妙

文と写真

金田　妙（かなだ・たえ）

フリーライター。東京女子大学卒業。主に児童書に携わり、著書に『戦いで読む日本の歴史』『あしながてながが』『モケケパニック』（教育画劇）、『たのしいまちがいさがし2年生』『なぞときたんていゲームブック』（ポプラ社）、『ものづくり絵本　どうやってできるの？』シリーズ（チャイルド本社）などがある。

＊この作品は、株式会社ピースオブケイクが運営するサイト「cakes（ケイクス）」に連載されたものを、加筆・修正したものです。

シロウト夫婦のきょうも畑日和
家庭菜園はじめました

2018年2月5日　第1刷発行

著者　金田　妙

発行所：一般社団法人　農山漁村文化協会
〒107-8668　東京都港区赤坂7－6－1
電話：03(3585)1141(営業)／03(3585)1147(編集)
FAX：03(3585)3668　振替：00120-3-144478
URL：http://www.ruralnet.or.jp/

ISBN978-4-540-17193-2
〈検印廃止〉

イラスト／RARI YOSHIO
デザイン／山口デザイン事務所(山口美登利)

印刷・製本／(株)シナノ
定価はカバーに表示
乱丁・落丁本はお取り替えいたします。